a influência do consumidor nas decisões de marketing

O selo DIALÓGICA da Editora InterSaberes faz referência às publicações que privilegiam uma linguagem na qual o autor dialoga com o leitor por meio de recursos textuais e visuais, o que torna o conteúdo muito mais dinâmico. São livros que criam um ambiente de interação com o leitor – seu universo cultural, social e de elaboração de conhecimentos –, possibilitando um real processo de interlocução para que a comunicação se efetive.

a influência do consumidor nas decisões de marketing

Marcia Valéria Paixão

Rua Clara Vendramim, 58 . Mossunguê
CEP 81200-170 . Curitiba . PR . Brasil
Fone: (41) 2106-4170
www.intersaberes.com
editora@editoraintersaberes.com.br

Conselho editorial Dr. Ivo José Both (presidente); Drª. Elena Godoy; Dr. Nelson Luís Dias; Dr. Neri dos Santos; Dr. Ulf Gregor Baranow
Editor-chefe Lindsay Azambuja
Editor-assistente Ariadne Nunes Wenger
Editor de arte Raphael Bernadelli
Preparação de originais André Pinheiro
Copidesque Sandra Regina Klippel
Capa Denis Kaio Tanaami; Stefany Conduta Wrublevski
Fotografia de capa Photos to GO
Projeto gráfico Bruno Palma e Silva
Iconografia Danielle Scholtz

Dados Internacionais de Catalogação na Publicação (CIP)
(Câmara Brasileira do Livro, SP, Brasil)

Paixão, Márcia Valéria
   A influência do consumidor nas decisões de marketing / Márcia Valéria Paixão. – Curitiba: InterSaberes, 2012. – (Série Marketing Ponto a Ponto).

   Bibliografia.
   ISBN 978-85-65704-00-7

   1. Consumidores – Comportamento 2. Marketing 3. Marketing – Tomada de decisões 4. Pesquisa de mercado 5. Planejamento estratégico I. Título. II. Série.

12-05834   CDD-658.8

Índices para catálogo sistemático:
1. Marketing estratégico: Administração mercadológica
                                                    658.8

1ª edição, 2012.

Foi feito o depósito legal.

Informamos que é de inteira responsabilidade da autora a emissão de conceitos.

Nenhuma parte desta publicação poderá ser reproduzida por qualquer meio ou forma sem a prévia autorização da Editora InterSaberes.

A violação dos direitos autorais é crime estabelecido na Lei nº 9.610/1998 e punido pelo art. 184 do Código Penal.

sumário

Apresentação, 11
Como aproveitar ao máximo este livro, 13
Introdução, 15

Capítulo 1
comportamento do consumidor – noções gerais
19

Para saber mais, 23
Quais as influências presentes no comportamento do consumidor?, 24
O cenário do consumidor brasileiro, 31
Para saber mais, 35
Tipos de decisão de compra, 39
Para saber mais, 44
Síntese, 44
Questões para revisão, 44

Capítulo 2
determinantes do comportamento
47

Necessidades, 48
Desejos, 49
Fatores que determinam o comportamento de consumo, 51
Parâmetros para classificar grupos de consumidores, 74
Síntese, 82
Questões para revisão, 82

Capítulo 3
o processo de decisão de compra
85

Os consumidores e o processo de decisão de compra, 86

Para saber mais, 95

Características do consumidor do futuro, 96

Síntese, 99

Questões para revisão, 99

Capítulo 4
o comportamento de compra organizacional
101

Para saber mais, 108

Participantes do processo de compra empresarial, 108

Síntese, 116

Questões para revisão, 116

Capítulo 5
o consumidor internacional
119

O consumidor internacional e as estratégias de *marketing*, 121

O consumidor e a responsabilidade socioambiental, 129

Para saber mais, 130

Síntese, 134

Questões para revisão, 135

Capítulo 6
segmentação de mercado
137

Processo de segmentação de mercado, 138

Variáveis para segmentação e mercado consumidor, 140

Marketing e segmentação de mercado, 142

Para saber mais, 150

Para saber mais, 153

Síntese, 158

Questões para revisão, 158

Para concluir, 161

Referências, 165

Respostas, 173

Sobre a autora, 175

Dedico este livro à família mais maravilhosa que um ser humano pode desejar: a minha.

Agradeço aos meus alunos, que a cada dia me ensinam a ser uma pessoa melhor.

apresentação

Toda mudança leva a um processo de adequação. Você sabia que as transformações ocorridas nos hábitos de consumo dos brasileiros nos últimos anos levaram as empresas a perceberem que devem se concentrar na criação de estratégias voltadas à conquista, à manutenção e à retenção de clientes?

Tratar dessa questão significa que vamos falar sobre *comportamento* e *mercado consumidor*. Nesse cenário, atualmente, no Brasil, qualquer consumidor possui parâmetros mínimos para distinguir a melhor oferta. Ele pesquisa, busca novas oportunidades, compara preços e qualidade e procura aquilo que lhe parece melhor de acordo com suas necessidades e seus desejos.

Essas mudanças no comportamento da população decorrem de fatores como a abertura de mercados, a criação do Código de Defesa do Consumidor, a estabilidade da moeda e a crescente entrada de novos concorrentes no mercado.

No **plano estratégico** das empresas, a grande discussão, de caráter mundial, gira em torno da **competitividade**, que é sinônimo de **agregação de valor para o consumidor** por meio da inovação em produtos e serviços. Nesse contexto, sabemos que a meta só pode ser alcançada se houver profundo conhecimento a respeito dos segmentos de atuação de uma empresa e do perfil de seus clientes – um dos principais desafios do *marketing* nos dias de hoje.

Assim, o objetivo deste livro é abordar um tema que serve de base para sedimentar tal conhecimento e que alimenta o processo decisório durante o planejamento de estratégias mercadológicas. Nesta abordagem, fazemos uma discussão geral sobre como se comporta esse novo consumidor e também sobre o que devemos fazer para conquistá-lo e fidelizá-lo. A discussão é desenvolvida ao longo dos seis capítulos, com recorrência a teorias e práticas contextualizadoras.

No primeiro capítulo, trataremos dos conceitos gerais do tema comportamento do consumidor e as principais influências que atuam sobre ele. No segundo, veremos, além desses fatores, as teorias de motivação, os modelos, os papéis e as escalas de valores. Já no terceiro capítulo, adentraremos os processos relativos à decisão de compras, sendo que no quarto capítulo essa tratativa é específica do ambiente organizacional. No capítulo cinco, apresentaremos uma abordagem sobre o comportamento do consumidor no contexto do mercado internacional. E, para finalizar, o sexto capítulo será dedicado à fundamentação e às características estratégicas da segmentação de mercado.

como aproveitar ao máximo este livro

Este livro traz alguns recursos que visam enriquecer o seu aprendizado, facilitar a compreensão dos conteúdos e tornar a leitura mais dinâmica. São ferramentas projetadas de acordo com a natureza dos temas que vamos examinar. Veja a seguir como esses recursos se encontram distribuídos no projeto gráfico da obra.

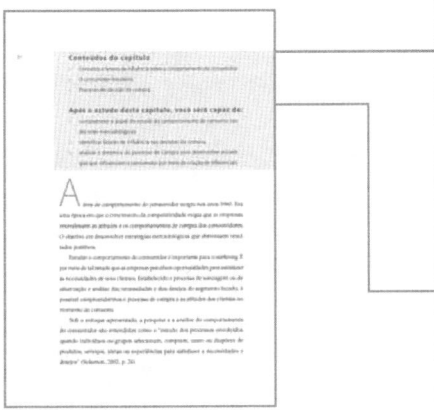

Conteúdos do capítulo
Logo na abertura do capítulo, você fica conhecendo os conteúdos que serão nele abordados.

Após o estudo deste capítulo, você será capaz de:
Você também é informado a respeito das competências que irá desenvolver e dos conhecimentos que irá adquirir com o estudo do capítulo.

Questões para revisão
Com essas atividades, você tem a possibilidade de rever os principais conceitos analisados. Ao final do livro, a autora disponibiliza as respostas às questões, a fim de que você possa verificar como está sua aprendizagem.

Estudo de caso

Essa seção traz ao seu conhecimento situações que vão aproximar os conteúdos estudados de sua prática profissional.

Síntese

Você dispõe, ao final do capítulo, de uma síntese que traz os principais conceitos nele abordados.

Para saber mais

Você pode consultar as obras indicadas nessa seção para aprofundar sua aprendizagem.

introdução

O crescimento da economia mundial, nas últimas décadas, abriu espaço para o aumento vertiginoso do número de empresas que atuam em um mesmo mercado. Isso acirra a concorrência e oferece aos consumidores uma oferta ampliada de produtos e serviços. Para fazer frente às pressões desse mercado e aos altos índices de competitividade, as organizações passam a buscar constante inovação.

A entrega de valor por meio da inovação garante a sobrevivência empresarial, ou seja: "quanto mais se dá aos clientes, mais eles querem".

Portanto, **conhecer profundamente o consumidor de seus produtos ou serviços é fundamental**, pois à medida que a empresa consegue entender as necessidades deste, pode desenvolver diferenciais que criam um valor que esteja de acordo com a percepção de seus clientes.

Você pode observar que, conforme Day e Reibstein (2001) já relataram, as instituições que estão orientadas para o mercado conhecem profundamente o seu público consumidor e buscam os elementos que os clientes mais valorizam. Por esse motivo, amparam-se na inovação de produtos e serviços com o objetivo de conquistar e manter clientes, entrar em novos mercados ou apenas aumentar a sua participação naqueles em que já atuam.

Para Kotler (2000), é importante entender o comportamento de compra – tanto os fatores considerados na hora da aquisição quanto os que agregam mais valor – para compreender que a satisfação do consumidor, a qualidade de produtos e serviços e a rentabilidade da empresa são aspectos diretamente relacionados entre si. Logo, conhecer o cliente externo faz parte do planejamento estratégico empresarial.

Nesse processo, se você considerar a história recente de nosso país, irá constatar que nas duas últimas décadas houve profundas mudanças no comportamento dos consumidores. Após o fim do regime militar, o país passou e ainda passa por grandes transformações, como a abertura de sua economia, no início da década de 1990, e a estabilização econômica obtida a partir do Plano Real, em 1994.

Desde então, os brasileiros passaram a ser bombardeados por novos produtos e tecnologias, que foram trazidos por empresas estrangeiras e que contribuíram para a modernização das empresas nacionais. A disponibilidade de informações em larga escala e o aumento do número de competidores ofereceram à população uma ampla variedade de opções, o que se traduziu na redução do ciclo de vida dos produtos. Na evolução desse processo, o **consumidor passou de espectador a ator principal e o seu comportamento começou a sofrer influências diversas**, provocadas por vários fatores, que incluem as ações e as ferramentas de *marketing*. Estas possibilitaram o desenvolvimento de novas embalagens, maior diversificação nas linhas de produtos e muito mais. Isso tornou ainda mais difícil entender como o comprador toma as suas decisões.

Conscientes dessa realidade, as organizações perceberam que, para sobreviver, precisam se apoiar em estratégias baseadas não mais somente em seus interesses, mas também nos de seus clientes. Mas, para que isso aconteça, os produtores e prestadores de serviços devem conhecer exatamente o que esses consumidores – envolvidos por um grande rol de informações, influências e inovações – pretendem na hora de tomar suas decisões de compra.

Aliás, a investigação do comportamento do consumidor, conforme alerta Solomon (2002), é uma das áreas mais complexas e dinâmicas dentro dos estudos de *Marketing*, fazendo dessa disciplina um aprendizado fascinante para o administrador.

capítulo 1
comportamento do consumidor – noções gerais

Conteúdos do capítulo

» Conceitos e fatores de influência sobre o comportamento do consumidor.
» O consumidor brasileiro.
» Processo de decisão de compra.

Após o estudo deste capítulo, você será capaz de:

1. compreender o papel do estudo do comportamento de consumo nas decisões mercadológicas;
2. identificar fatores de influência nas decisões de compra;
3. analisar a dinâmica do processo de compra para desenvolver estratégias que influenciem o consumidor por meio da criação de diferenciais.

A área de comportamento do consumidor surgiu nos anos 1960. Era uma época em que o crescimento da competitividade exigia que as empresas entendessem as atitudes e os comportamentos de compra dos consumidores. O objetivo era desenvolver estratégias mercadológicas que obtivessem resultados positivos.

Estudar o comportamento do consumidor é importante para o *marketing*. É por meio de tal estudo que as empresas percebem oportunidades para satisfazer às necessidades de seus clientes. Estabelecido o processo de sondagem ou de observação e análise das necessidades e dos desejos do segmento focado, é possível compreendermos o processo de compra e as atitudes dos clientes no momento do consumo.

Sob o enfoque apresentado, a pesquisa e a análise do comportamento do consumidor são entendidas como o "estudo dos processos envolvidos quando indivíduos ou grupos selecionam, compram, usam ou dispõem de produtos, serviços, ideias ou experiências para satisfazer a necessidades e desejos" (Solomon, 2002, p. 24).

A compreensão dos fatores que influenciam esse comportamento nos ajuda a formar uma visão mais aprofundada da dinâmica do processo de compra. Além disso, aponta alternativas de intervenção nesse processo, com o uso de "estímulos de *marketing*" que pretendam gerar bons resultados nesse campo, criando valor para o cliente e produzindo a satisfação com o produto. O efeito dessa estratégia é o envolvimento do consumidor com a compra.

Estudar o comportamento do consumidor é importante para o *marketing*. É por meio de tal estudo que as empresas percebem oportunidades para satisfazer às necessidades de seus clientes.

Para que você possa ampliar a sua compreensão sobre o assunto, destacamos a seguir como alguns dos principais teóricos do *marketing* definem o tema:

» Para **Mowen e Minor** (2003), o comportamento do consumidor é o estudo das unidades compradoras e dos processos de trocas envolvidos na aquisição, no consumo e na disposição de mercadorias, serviços, experiências e ideias.

» Segundo **Engel, Blackwell e Miniard** (2000), o comportamento do consumidor compreende atividades com as quais as pessoas se ocupam quando obtêm e consomem produtos e serviços. O estudo existe para entender o processo de escolha entre as diversas marcas existentes.

» De acordo com **Kotler** (2000), trata-se de estudar como pessoas, grupos e organizações selecionam, compram, usam e descartam produtos para satisfazer às suas necessidades e aos seus desejos.

» **Karsaklian** (2004) observa que o consumidor é dotado de personalidade e, por esse motivo, cada pessoa identifica e compreende o mundo de várias formas (percepção), reagindo automaticamente ao contexto através dos sentidos.

Em resumo, de acordo com a afirmação de Rocha e Christensen (1999), o profissional de *marketing* deve se apoiar nas ciências comportamentais para entender os consumidores e seus comportamentos.

Isso significa que o estudo do consumidor auxilia os gerentes de *marketing* a elaborar o *mix* mercadológico de suas empresas, a segmentar mercados, a diferenciar e posicionar seus produtos e serviços e a elaborar uma análise mais correta de seus ambientes de influência.

> **O profissional de *marketing* deve se apoiar nas ciências comportamentais para entender os consumidores e seus comportamentos.**

O *marketing*, para Kotler (2000), busca basicamente satisfazer às necessidades e aos desejos dos consumidores. Entretanto, o autor destaca que fazer somente isso não é o suficiente para que uma empresa sobreviva em um mercado tão competitivo. O desafio está em entender os clientes e seus comportamentos de consumo, ou seja: saber como se realiza o processo de compra, para desenvolver estratégias que influenciem a tomada de decisão, por meio da criação de diferenciais (Goldstein; Almeida, 2000).

Nesse contexto, Kotler e Armstrong (1993) destacam os principais fatores que influenciam a tomada de decisão do consumidor: as motivações, a personalidade e as percepções.

» **Motivações** – a pessoa necessita de um motivo maior para buscar a sua satisfação, que pode ser o atendimento a necessidades fisiológicas, como fome, frio, sede e sono, ou psicológicas, como reconhecimento, autoestima etc.

» **Personalidade** – existem características psicológicas que determinam o comportamento do indivíduo no ato da compra.

» **Percepções** – o cliente interpreta de maneira específica as informações que o auxiliam a tomar a decisão no momento da compra.

Além desses aspectos, você irá encontrar autores que afirmam que os consumidores são influenciados por diversas variáveis no ato da compra:

> » Para Churchill Junior e Peter (2003), as variáveis são: sociais, culturais, situacionais, pessoais, de *marketing*, entre outras.
> » Para Engel, Blackwell e Miniard (2000), tais variáveis estariam divididas entre as influências ambientais, as diferenças individuais e os fatores pessoais.
> » Para Schiffman e Kanuk (2000), as influências podem ser psicológicas, pessoais, sociais e culturais.

De qualquer modo, o estudo de todas essas influências auxilia o profissional de *marketing* a descobrir o modelo mental que dá origem ao comportamento de compra dos consumidores. O objetivo é entendermos esse comportamento para depois tentarmos influenciá-lo.

Para saber mais

No livro *Marketing: o que é? Quem faz? Quais as tendências?*, o autor, professor Carlos Frederico de Andrade, traz elementos bastante atualizados sobre os fatores que hoje influenciam a escolha do consumidor. Segundo Andrade (2009, p. 15), baseado na mais recente definição publicada pela AMA em 2007, o *marketing* é uma "atividade (conjunto de instituições) e de processos para criar, comunicar, distribuir e negociar ofertas que tenham valor para consumidores, clientes, parceiros, bem como para a sociedade como um todo" (grifo nosso). Portanto, identificamos um elemento novo influenciando as escolhas: o bem comum. Ou, como diz o referido autor: "a influência do mundo externo [...] sobre a marca, produto ou organização deixa de estar relacionada apenas ao benefício obtido pelo consumidor na satisfação de suas necessidades, pois passa a abranger a necessidade da comunidade" (p. 15, grifo nosso).

> AMA – sigla da American Marketing Association, ou Associação Americana de Marketing.

Na maioria das vezes, a principal dificuldade em conhecer o consumidor está no fato de que pessoas tomam decisões e compram sem saber o verdadeiro motivo de suas próprias escolhas. Kotler e Armstrong (1993, p. 129) explicam que "as pessoas não têm consciência das reais forças psicológicas que moldam seu comportamento", o que acarreta uma compreensão parcial de suas motivações.

Queremos evidenciar neste estudo que os aspectos relacionados às nossas preferências, às nossas percepções e aos nossos comportamentos estão impregnados das influências que recebemos da sociedade em que crescemos e vivemos ou são, de alguma forma, moldados por elas. A seguir, vamos analisar vários desses fatores.

> **Na maioria das vezes, a principal dificuldade em conhecer o consumidor está no fato de que pessoas tomam decisões e compram sem saber o verdadeiro motivo de suas próprias escolhas.**

Quais as influências presentes no comportamento do consumidor?

São vários os motivos e as necessidades que levam as pessoas a adquirirem determinados produtos. Elas recebem influências diversas, as quais provocam comportamentos diferenciados.

Quadro 1 – Fatores de influência no comportamento do consumidor

Culturais
Demográficos
Étnicos
Sociais
Pessoais
Familiares
Situacionais
Econômicos
Mercadológicos ou de *marketing*

Assim, ao estudarmos os estímulos presentes no meio ambiente de consumo, faz-se necessário considerarmos as influências. Com esse propósito, comentamos, a seguir, as variáveis que exercem influência no comportamento do consumidor.

Variáveis culturais

A **cultura** se manifesta nos valores, na linguagem, nas crenças e nos costumes do indivíduo, fatores que nos ajudam a entender a sociedade em que ele está inserido.

É fundamental, para o nosso entendimento sobre as influências, considerarmos que o universo cultural está em constante evolução. Isso significa que as novas tecnologias e as mudanças nos costumes causam impacto direto sobre os valores dos indivíduos. Ou seja: é por meio da cultura que são ditados os padrões de comportamento.

Veja que estamos, desde o início desta nossa discussão, falando das razões que fazem com que você prefira um determinado produto – ou marca, ou serviço – em detrimento de outro.

E uma das coisas que influenciam essa decisão é entender que os produtos possuem atributos, tangíveis ou intangíveis, que, após seu consumo, geram algumas consequências funcionais ou psicológicas importantes para saciar valores, classificados em *terminais* ou *instrumentais*. Mas, para melhor entendermos esses valores, vejamos as definições de Gastaldello (1999):

> Nesta obra, o termo *cultura* é utilizado de acordo com a significação usual na antropologia: conjunto de padrões de comportamento, crenças, conhecimentos, costumes etc. que distinguem um grupo social; ou, ainda, a forma ou etapa evolutiva das tradições e dos valores intelectuais, morais, espirituais de um lugar ou período específico; civilização. Por exemplo: cultura clássica; cultura muçulmana (Houaiss; Villar; Franco, 2001, p. 888).

- **Valores instrumentais** – são modos de comportamento ou conduta (valores-meio), como honestidade, responsabilidade e inteligência. Eles levam aos valores terminais.
- **Valores terminais** – estados finais de existência (valores-fim), como liberdade e felicidade.

Os **valores culturais** – que expressam crenças coletivas – são transferidos para os produtos por meio da **propaganda** e da **publicidade**. Esses produtos, por sua vez, acabam sendo consumidos pelo público-alvo, com o objetivo de construir uma identidade social positiva ao satisfazer a sua necessidade de pertencer a um grupo social.

> *Propaganda*, de acordo com Andrade (2009, p.134, grifo do original), é a "divulgação, mediante pagamento, de mensagem com conteúdo informativo e persuasivo sobre ideias, bens ou serviços, com patrocinador cuja identidade é revelada e na qual seja usada a fala, a escrita, a música e/ou imagens, entre outras linguagens".

> *Publicidade*: "é a difusão de mensagens sobre ideias, bens ou serviços sem que haja pagamento, ou seja, sem pagar os custos da mídia" (Andrade 2009, p. 134).

> **Quanto mais um produto ou marca elevar a imagem do indivíduo perante determinado grupo social, mais este se interessará por tal marca ou produto.**

Nesse contexto, um fator que você pode observar é o valor atribuído por muitos à marca como um símbolo de *status* ou de estilo de vida. Há muitas pessoas que compram um automóvel de determinada marca não apenas por sua performance ou preço, mas também por aquilo que o carro representa em termos de expressão da personalidade.

Se você abrir a revista *Casa e Jardim* de setembro de 2010 em sua página 143, irá encontrar uma propaganda da empresa de revestimentos ColorMix. No anúncio (ColorMix, 2010, p. 143), aparece a foto de um projeto da ColorMix premiado na Casa Cor São Paulo. Somos chamados, então, a considerar o valor agregado pelo *status* – representado pela referida premiação – ao produto com o seguinte *slogan*:

Colormix: sucesso na Casa Cor e na sua casa

Quanto mais um produto ou marca elevar a imagem do indivíduo perante determinado grupo social, mais este se interessará por tal marca ou produto. Os clientes, ou seja, os consumidores, de acordo com Fisk (2008, p. 37, grifo nosso), "estão procurando **marcas** (e empresas, produtos e as pessoas representadas por eles) em que possam confiar e se apegar, em um mundo em rápida mudança, confuso e intimidador". Esse é um exemplo típico de comportamento do consumidor baseado em valores culturais, isto é, em crenças.

Sobre as crenças que inspiram confiança, bastante significativa é essa propaganda publicada pela empresa Nadir Figueiredo S/A, na revista já citada anteriormente (Nadir Figueiredo, 2010). Observe a presença de elementos que remetem ao fator confiabilidade: a) na frase "Há quase 100 anos na casa de milhões de brasileiros"; b) no selo de qualidade; c) na expressão "sempre!"

Variáveis demográficas

Entre os fatores mais analisados nos planos e estratégias de *marketing*, estão as variáveis demográficas. Elas representam uma ferramenta precisa para atender a um dos objetivos básicos do *marketing*: a segmentação de mercado a fim de concentrar esforços.

Essas variáveis determinam segmentos constituídos por grupos de consumidores com o mínimo de diferenças entre si e o máximo de diferenças quando comparados aos demais segmentos.

As características distintas identificadas no processo de segmentação permitem o melhor conhecimento das demandas. A partir daí, outras variáveis são combinadas, para que o resultado seja um conhecimento mais individual e personalizado do consumidor. O objetivo é alcançar maior proximidade em relação ao consumidor final. Essas variáveis englobam fatores como nacionalidade, religião, localização geográfica, etnia, idade, ciclo de vida, renda, classe social e sexo.

Variáveis étnicas

Etnia é um grupo unido por laços de **homogeneidade cultural** – como tradições, valores, religiões e idiomas – ou por uma questão **biológica**, como características físicas.

O objetivo do estudo desta variável é mapear as motivações de compra a partir da análise do contexto "indivíduos-grupos de referência-produtos". Como exemplo recente, temos as linhas de xampu para cabelos afros – homogeneidade biológica –, as lojas de música *gospel* – homogeneidade religiosa –, entre outros.

Variáveis sociais

São as influências exercidas pelas classes sociais que permitem a comparação entre grupos de pessoas (Schiffman; Kanuk, 2000). Ou seja: trata-se de conjuntos de indivíduos que compartilham dos mesmos valores, estilos de vida, interesses e comportamentos e utilizam como critério de ordenação alguns indicadores, como a profissão e o poder aquisitivo.

Além disso, interligam-se com esses indicadores as variáveis correspondentes aos valores pessoais, aos grupos de influência – como família e amigos –, ao estilo de vida e à demografia.

Em **estilo de vida**, incluímos as alterações nos padrões de vida, como o aumento do número de pessoas que moram sozinhas. Já quando falamos em *demografia*, é importante destacar que se trata de um indicador que se refere às mudanças nos padrões de consumo que afetam o tamanho da oferta de mão de obra e a localização no mercado de consumo.

> Segundo o *Dicionário Houaiss da língua portuguesa* (Houaiss; Villar; Franco, 2001, p. 935), *demografia* é a "ciência que investiga as populações humanas (em aspectos como natalidade, produção econômica, migração, distribuição étnica etc.) sob uma perspectiva quantitativa".

Variáveis pessoais

São grupos aos quais os indivíduos pertencem e que, em determinados momentos, servem de referência para determinar as atitudes e os comportamentos desses indivíduos. Como exemplo, podemos citar a influência do pensamento de um amigo, de um líder ou de um formador de opinião. Ou, então, dos grupos ou movimentos – "tribos" – aos quais o indivíduo pertença, como *skatistas*, grupos de *rock*, surfistas etc.

Pertencer a uma tribo torna-se, para o partícipe, mais importante do que pertencer a uma classe social.

O conceito de **tribo** chegou ao *marketing* por intermédio de Cova e Cova (2002). É uma terminologia que se refere ao renascimento de valores passados, como identificação local e religiosidade. É algo muito próximo ao conceito de **clã**, se considerarmos que, nesse caso, pertencer a uma tribo torna-se, para o partícipe, mais importante do que pertencer a uma classe social.

Variáveis familiares

Essas variáveis constituem um grupo de grande importância, organizado e analisado em diversas modalidades conforme o **ciclo de vida da família** ou os **tipos de composição familiar** – casais jovens sem filhos, casais jovens com filhos, casais com filhos adolescentes ou adultos, divorciados, pessoas que vivem sozinhas, casais homossexuais. O **processo de compra familiar** é analisado com base nos papéis dos cônjuges e na influência dos filhos no processo de decisão de compra.

Variáveis situacionais

São influências que acontecem independentemente das características do consumidor. Surgem em razão de circunstâncias às quais o sujeito fica exposto e de lugares específicos que o indivíduo frequenta. Isso pode ocorrer no que concerne ao ambiente físico – clima, decoração, sons – e ao ambiente social – academia, clubes, trabalho, igrejas e escolas.

Variáveis econômicas

Os fatores econômicos determinam o poder de compra dos consumidores. Afinal, alguns acontecimentos e movimentações da economia – como crises financeiras ou energéticas, desabastecimento do mercado, taxa de juros, desemprego, inflação – podem forçá-los a repensar suas prioridades de consumo.

Variáveis de *marketing*

Devemos considerar, nesse caso, as estratégias de produto, o preço, a promoção, o ponto de vendas e as pessoas – relacionamento com os públicos. Essas variáveis podem afetar o consumidor no que se refere à atração. Entre muitos outros aspectos, são exemplos: embalagens, propagandas, promoções, ofertas, distribuição, atendimento e inovações dos produtos.

> **Os fatores econômicos determinam o poder de compra dos consumidores.**

Em relação, por exemplo, ao **preço**, Andrade (2009, p. 108) afirma que se trata de "uma variável que 'envolve muitas dimensões estratégicas' para o gestor de *marketing*". Além disso, ainda segundo o referido autor (2009, p. 113), "o fator que determina a nossa concordância em pagarmos ou não o preço de um determinado produto ou serviço envolve a questão de valoração, na qual estão inseridos aspectos relativos às expectativas e necessidades (ou desejos)". Como você pode concluir, é uma realidade o quanto os fatores das teorias psicanalíticas do comportamento do consumidor estão presentes nas atividades cotidianas do *marketing*.

> Todas essas variáveis que apresentamos – sociais, geográficas, demográficas, econômicas etc. –, unidas aos atributos individuais, são os fatores que influenciam o comportamento de compra. Por isso, o estudo do comportamento do consumidor deve analisar todas essas forças a fim de identificar padrões de consumo, detectar tendências e possíveis transformações nos segmentos de mercado.

A esse respeito, o jornal *Gazeta Mercantil* publicou, em agosto de 2008, informações que destacam o fato de o mercado consumidor brasileiro caminhar no sentido de vir a ser o quinto maior do mundo em 2030. Em 2007, o Brasil detinha a oitava posição. O acréscimo será impulsionado, principalmente, pela elevação da média de idade da população brasileira, pelas mudanças no mercado de trabalho – que vem sentindo os efeitos do aumento da escolaridade – e pela mobilidade social. Isso faz com que o perfil da sociedade brasileira sofra transformações profundas, alterando setores de consumo, que deverão crescer por meio de novas oportunidades de negócios (Financial Web, 2008).

O cenário do consumidor brasileiro

Atualmente o cenário do consumo brasileiro está dividido em uma pirâmide mercadológica, que indica a existência de três principais tipos de consumidores: **velho luxo, novo luxo** e **baixa renda**. É o que nos mostra a Figura 1:

Figura 1 – Pirâmide mercadológica do Brasil

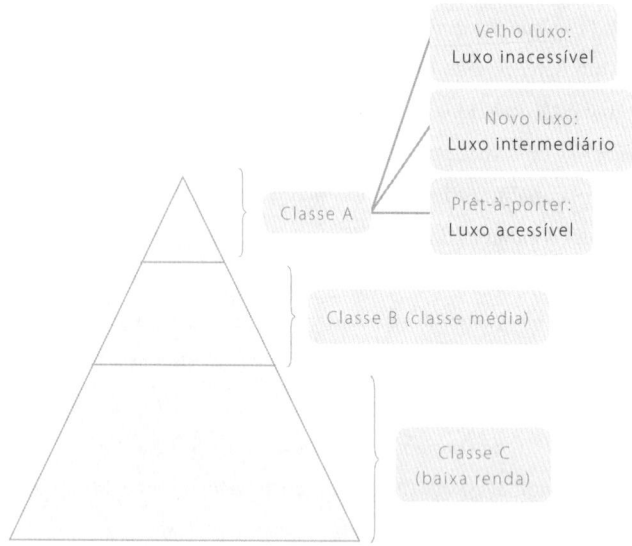

O **velho luxo** se constrói em torno de segmentos que se caracterizam pela elegância e pelo prestígio das marcas, como as de carros, motocicletas, relógios, joias, perfumes, cosméticos, moda e vestuário. O consumidor quer se diferenciar do restante da população e, para isso, busca *glamour* e grifes de criadores renomados. Existe, então, uma associação ao produto, isto é: o desejo do consumidor se volta para artigos de qualidade alta, estilo e *design* únicos e diferenciados, preferencialmente artesanais ou personalizados.

Dessa forma, é valorizada a produção limitada, para garantir exclusividade. São produtos de preços altos e marcas globais. A revista *HSM Management* revelou, em um artigo escrito por Michael Silverstein (2006), que o mercado de luxo, em 2010, movimentaria cerca de US$ 1 trilhão em mercadorias de alto valor agregado. O texto informava ainda que, **das 100 maiores marcas do planeta, 15 pertenciam ao segmento de luxo, um mercado orçado em US$ 200 bilhões**. No entanto, de acordo com informações atuais, tal perspectiva não se realizou.

Sobre esse assunto, você encontra no *blog* do *Estadão*, mais especificamente no de Clayton Netz (2010), em reportagem postada no mês de abril de 2010, que o mercado de luxo no Brasil já havia movimentado R$ 6 bilhões naquele ano. Outra fonte, a *Folha.com* (Rolli, 2010), já com dados do mês de agosto de 2010, estimava que

> O mercado de luxo no Brasil deve avançar 23% neste ano (2010) e faturar R$ 15,1 bilhões. A expansão esperada é o triplo do que deve crescer o PIB do país neste ano – 7%, na previsão dos mais otimistas.

Como você pode perceber, as estimativas e os dados gerais do mercado de luxo estão sujeitos a constantes alterações. Aliás, o mercado, seja qual for, é dinâmico. Portanto, para estar atualizado, é necessário que você constantemente se informe nas páginas econômicas.

Perguntas e respostas

É possível estabelecermos uma análise por sequência de dados?
Obviamente, sim. Os dados imediatamente anteriores já se encontram contabilizados em pesquisas, e os atuais devem ser pesquisados constantemente por nós. Segundo dados da Interbrand – a maior consultoria internacional de gestão de marcas, citada em Pochmann e Amorim (2003) –, o segmento do **velho luxo** no Brasil movimentava aproximadamente US$ 2 bilhões.

Eram cerca de 500 mil consumidores de classe **A alta**, número que representava apenas 0,29% da população. Além disso, mais 1% da população se dividia entre as classes **A média** e **A baixa**, que comportavam os consumidores do **luxo intermediário** e do **luxo acessível**, mercado que movimentava no Brasil cerca de R$ 213 bilhões, já conforme dados de Prahalad de 2005, e não mais de 2003. Portanto, esses são dados que podemos considerar em relação aos anos 2003 e 2005. Mas não podemos imputá-los ao ano de 2010, e assim sucessivamente.

Mas o que abrange a classe alta?

A **Classe A** está dividida da seguinte maneira, de acordo com estudos de Allérès (2000):

> » **Luxo inacessível ou velho luxo** – são artigos como alta-costura, joias, obras de arte, automóveis de luxo, iates e esportes de elite, destinados à classe **A alta**, como hipismo, golfe e aeromodelismo.
>
> » **Luxo intermediário ou novo luxo** – é o consumidor que tem o poder aquisitivo do velho luxo, mas que está aprendendo a se sofisticar. Consome produtos exclusivos, com qualidade excelente e preços muito elevados, como joias ou um veleiro, por exemplo.
>
> » **Luxo acessível ou** *prêt-à-porter* – é composto por objetos derivados do luxo tradicional, os chamados *prêt-à-porter*; os quais correspondem a linhas menos sofisticadas em comparação com os similares que são consumidos pela classe A alta. São artigos destinados ao consumo da classe média. Encontramos nesse patamar artigos de marca, ainda de preços elevados, como produtos de couro, acessórios de moda, canetas, joias e relógios de marcas tradicionais.

A palavra *luxo* pode ganhar outros sentidos. Isso acontece quando passam a ser valorizadas as atitudes ecológicas, a tranquilidade, o tempo, a segurança, o conforto, a praticidade, a qualidade de vida, o lazer e o respeito ao semelhante. De Masi (2000) afirma que o luxo se afasta do excesso, do exagero e se concentra naquilo que é necessário para uma boa vida. Para Silverstein (2006), os consumidores dessa categoria buscam produtos não exclusivos, mas de oferta limitada; a preços altos, mas não proibitivos.

> Com o advento do acesso da classe C ao consumo, muitos consumidores de baixa renda ficaram mais perto da classe média.

Quais as características da classe média?
Esse consumidor se "dá ao luxo" de sacrificar parte do orçamento para, por exemplo, frequentar restaurantes caros, usar roupas de marca e comprar carros de luxo. Com o advento do acesso da classe C ao consumo, muitos consumidores de baixa renda ficaram mais perto da classe média, fazendo com que os integrantes desta se sintam incomodados com tal proximidade e passem a buscar produtos diferenciados.

Quem está inserido no nível *baixa renda*?
Quanto aos consumidores de baixa renda, segundo dados do Instituto Brasileiro de Geografia e Estatística – IBGE (2006, p. 206), são famílias que recebem entre 1 e 10 salários mínimos por mês. Integravam esse mercado, no ano da pesquisa, mais de 80% da população brasileira.

Para saber mais

No segundo semestre de 2010, uma nova pesquisa foi realizada para verificar a renda familiar, por domicílio. Quando da escrita e impressão deste livro, os dados ainda não haviam sido divulgados, mas seria interessante você se atualizar sobre esse assunto.
O *site* do IBG é o seguinte: <http://www.ibge.gov.br/home/>.

Inseridos nesse cenário, encontrávamos, em 2004, 60% dos domicílios brasileiros – cerca de 30 milhões – com renda familiar inferior a R$ 1.200,00. Esses consumidores, segundo Prahalad (2005), hoje buscam melhores condições de vida, valorizam a marca e querem qualidade, alternativas de pagamento e bom atendimento. Este segmento está sendo muito disputado pelas empresas, devido a seu potencial de consumo.

Para a população de **baixa renda**, a concessão de crédito é a principal forma de viabilizar o aumento do consumo. Os consumidores dessa faixa aquisitiva são **tomadores de crédito**. Suas decisões de compra levam em consideração o pagamento mensal e não a taxa de juros, sendo que 70% deles não têm como comprovar renda (Juliboni, 2004).

Sobre esse contingente humano, os estudos de Prahalad, publicados em 2005, mostram que as pessoas de baixa renda do mundo somavam um poder de compra perto de US$ 13 trilhões, naquela época.

> **Para a população de baixa renda, a concessão de crédito é a principal forma de viabilizar o aumento do consumo.**

Considerando o Brasil, você pode fazer uma análise comparativa sobre esse poder de consumo das pessoas que possuem baixa renda a partir dos dados do Quadro 2, que apresentamos a seguir.

Quadro 2 – Consumo anual brasileiro

Classe	Consumo
Classe A	R$ 213 bilhões
Classe B	R$ 301 bilhões
Classes C, D e E	R$ 372 bilhões

Fonte: Adaptado de Prahalad, 2005.

Observando que as classes de baixa renda consomem mais do que as outras, as empresas perceberam a necessidade de investir mais em produtos e serviços específicos para esse público.

Perguntas e respostas
E em 2010, a situação foi a mesma?

Vamos deixar a resposta para a Fundação Getúlio Vargas – FGV. De acordo com dados publicados no *site* da **Agência Brasil**, em 10 de setembro de 2010 – na reportagem intitulada *FGV: quase 30 milhões entraram na classe média nos últimos sete anos* (Gonçalves, 2010) –, a situação provocou alterações no panorama brasileiro, pois:

> Quase 30 milhões de pessoas ingressaram na nova classe média entre 2003 e 2009.
>
> O dado foi divulgado nesta sexta-feira (10) pelo coordenador do Centro de Políticas Sociais da Fundação Getúlio Vargas (FGV), Marcelo Néri. De acordo com a pesquisa, a classe C cresceu mais do que as demais na época da crise, chegando no ano passado a abranger 94,9 milhões de brasileiros, ou seja, mais da metade da população.
>
> Ainda de acordo com o levantamento intitulado A Nova Classe Média: o Lado Brilhante dos Pobres, a proporção da população que integrava as classes D e E em 1992 é a mesma ocupada hoje pela soma da população das classes A, B e C (mais de 61% dos brasileiros). "Em seis anos, 35,6 milhões de pessoas foram incorporadas às classes A, B e C, o que equivale a mais da metade de um país como a França. Desse total, 10% foram registrados no ano passado, que foi o ano da crise", explicou Néri.

Você pode ler a reportagem completa no *site* <http://agenciabrasil.ebc.com.br/web/ebc-agencia-brasil/enviorss/-/journal_content/56/19523/1039237>.

Falta ainda uma análise criteriosa para sabermos se populações de "baixa renda" adentraram de fato a classe média ou se ocorreu o contrário: a classe média passou a ter baixa renda. Consideramos para essa reflexão a informação anterior do IBGE (2006), segundo a qual estão incluídos na categoria **baixa renda** aqueles que ganham até 10 salários mínimos nacionais, ou seja: R$ 4.800,00 por mês. Esses dados são importantíssimos para o planejamento de *marketing*.

Na tratativa mercadológica, conforme Stefano, Santana e Onaga (2008), as empresas precisam saber com qual público estão conversando. O Brasil está passando por uma transformação sem precedentes no perfil de seus consumidores. O mercado tem mostrado novas tendências, como o avanço das mulheres nos postos de trabalho, o crescimento no número de casais jovens sem filhos, pessoas morando sozinhas e o aumento da longevidade: eram quase 20 milhões de idosos em 2008; em 2020, serão perto de 30 milhões. Atualmente, somamos mais de 110 milhões de brasileiros que podem ser considerados consumidores, o que corresponde a quase dois terços da população total entre 15 e 64 anos.

> **Falta ainda uma análise criteriosa para sabermos se populações de "baixa renda" adentraram de fato a classe média ou se ocorreu o contrário: a classe média passou a ter baixa renda.**

A Nestlé, por exemplo, foi uma empresa que apostou nos consumidores de baixa renda. De acordo com informações colhidas no texto de Gamez (2006), a empresa lançou no Nordeste marcas de café solúvel e leite em pó mais baratas do que as vendidas no Sul e no Sudeste. Outro caso foi o da empresa Johnson & Johnson, que "também aposta no consumidor das classes C, D e E, desenvolvendo absorventes, curativos e sabonetes com preços acessíveis e com uma campanha de R$ 30 milhões com a apresentadora Ana Maria Braga".

> O fato é que oportunidades de negócios começam a surgir e vão continuar a aparecer em todos os mercados, desde os mais populares até os de alto luxo. A empresa que entender quem é o seu consumidor e o que ele quer, com certeza irá longe.

Tipos de decisão de compra

Existem três tipos de decisão de compra, conforme expõem Churchill Junior e Peter (2003): decisão rotineira ou habitual, decisão limitada e decisão extensiva ou complexa. Vejamos a seguir o que caracteriza cada uma dessas atitudes.

» **Decisão rotineira ou habitual** – o consumidor está disposto a gastar o menor tempo possível na compra de produtos simples, baratos e conhecidos.
» **Decisão limitada** – o consumidor quer investir pouco tempo na compra de produtos com os quais ele se envolve um pouco mais.
» **Decisão extensiva ou complexa** – demanda maior investimento de tempo e maior envolvimento do consumidor.

Já para Assael, citado por Kotler (1998), o processo de decisão de compra do consumidor, conforme o tipo de produto que ele adquire, pode ser de baixo ou de alto envolvimento.

Baixo envolvimento é o que acontece naquelas compras habituais, que ocorrem sem um mínimo de força. **Alto envolvimento** caracteriza as compras mais complexas e que envolvem maior reflexão devido a fatores como preço alto, marca e tecnologia, entre outros.

O **comportamento do consumidor** é também determinante para a decisão de compra. Assael, citado por Kotler (1998), aponta **quatro tipos de comportamento de compra**: complexo, com dissonância cognitiva reduzida, habitual e que busca variedade.

» **Complexo** – o consumidor está muito envolvido em uma compra e há diferenças entre as marcas. O produto é caro, envolve riscos e não é comprado com frequência. São exemplos uma televisão LCD de 42 polegadas ou um apartamento. Esse comportamento envolve três etapas:

1. desenvolvimento de crenças sobre o produto (o consumidor passa a acreditar na marca);
2. desenvolvimento de atitudes sobre o produto (impressões positivas ou negativas);
3. escolha refletida (com base nas informações obtidas).

» **Com dissonância cognitiva reduzida** – Churchill Junior e Peter (2003) chamam esse comportamento de "remorso do comprador". Após a compra, fica a dúvida se a escolha foi correta ou não. O consumidor está altamente envolvido com a compra, que é cara, pouco frequente e envolve risco, mas não percebe as diferenças entre as marcas. Ele pesquisa entre os itens disponíveis no mercado, mas se decide com relativa rapidez, seja devido ao preço ou à conveniência da compra. Assim, após a compra, avalia se o produto ou serviço adquirido solucionou a sua necessidade. Essa satisfação é o resultado simples entre a diferença das expectativas e o desempenho percebido. Se o desempenho atender às expectativas, o consumidor ficará satisfeito, o que aumenta a probabilidade de ele repetir a compra. Se não atender, ficará desapontado e arrependido, e poderá buscar outras empresas. Isso é o efeito da **dissonância cognitiva** (Giglio, 2002). Nas compras complexas, as empresas devem agir para amenizar esse efeito. A atividade pós-venda é crucial para evitar que esse sentimento apareça no consumidor. Como há alto envolvimento e poucas diferenças entre as marcas, esse tipo de compra é feito de maneira rápida – motivado por preço, conveniência etc. – e os riscos de arrependimento são altos. É o caso, por exemplo, da aquisição de cerâmica para banheiro ou da compra de um carro.

» **Habitual** – os produtos são comprados sem muito envolvimento e sem comparação entre as marcas. Geralmente são produtos de preços baixos, como açúcar, sal, farinha etc. O hábito de compra pelo baixo envolvimento cria fidelidade à marca.

» **Que busca variedade** – existe baixo envolvimento, mas clara distinção entre as marcas. Quando há muitas marcas disponíveis, o consumidor costuma ser menos fiel a uma específica, fazendo trocas frequentes. E, embora a avaliação do produto seja feita durante o consumo, a próxima compra ocorrerá motivada pela disponibilidade de marcas e não necessariamente pela insatisfação, pois não há medo de resultados negativos. Podemos citar, por exemplo, a compra de um sorvete, de um pacote de bolachas etc.

Como você pode perceber, o estudo do comportamento do consumidor, pelos aspectos que abrange é parte essencial da gestão de *marketing*. Mowen e Minor (2003, p. 3) o definem como "um estudo dos processos de compra e troca envolvidos na aquisição e consumo de produtos, serviços, experiências e ideias".

É importante lembrarmos que esse processo recebe interferências, as quais afetam as escolhas dos consumidores por determinado produto, serviço ou marca.

Fatores que vimos neste capítulo – como os culturais, econômicos, sociais e familiares – agem, conforme afirmação de Sandhusen (1998), de forma conjunta, tornando complexo o estudo do processo de decisão de compra. Entretanto, esse conhecimento é fundamental para a definição das estratégias do *mix* mercadológico da empresa.

O estudo do comportamento do consumidor, pelos aspectos que abrange, é parte essencial da gestão de *marketing*.

Estudo de caso

Após a abertura das fronteiras brasileiras, no início da década de 1990, o que acarretou a entrada de novas marcas de veículos, o comportamento de consumo dos brasileiros começou a sofrer fortes mudanças. Passamos a exigir *design* e beleza, além de preço. A Volkswagen (VW) foi uma das empresas que enxergaram isso e buscaram conhecer em profundidade o novo comportamento de compra de automóveis do consumidor brasileiro. A VW contratou, conforme Almeida (2006, p. 130), a empresa Ipsos para realizar uma pesquisa que revelou quatro segmentos distintos de consumidor: entusiasta por *status*; essencialista; sensato; guiado pela imagem. Vejamos, a seguir, a definição de cada um desses perfis:

» **Entusiasta por *status*** – esse consumidor busca prestígio. Quer ter uma Mercedes, um BMW. Este segmento se manteve estável ao longo dos anos, em relação às características do perfil e ao tamanho.

» **Essencialista** – é o consumidor que compra um carro pensando em investimento, no valor de revenda. Este segmento está em queda e abre espaço para dois outros grupos: o sensato e o guiado pela imagem.

» **Sensato** – o consumidor procura um carro versátil, que o ajude nas atividades do dia a dia – levar filhos à escola, ir ao supermercado – e que, ao mesmo tempo, possa ser usado em viagens nos finais de semana. Este grupo está crescendo e é tipicamente feminino: 70% são mulheres.

» **Guiado pela imagem** – trata-se de um grupo de pessoas com espírito jovem, original, cujas preferências são menos convencionais. O consumidor desse segmento gosta de aventura e atividades radicais e o seu automóvel precisa passar essa imagem, mesmo que o proprietário não vivencie todas essas experiências com o veículo.

A pesquisa e a análise desse contexto de mercado contribuíram fortemente para o desenvolvimento de um novo carro, com a proposta de atender a um público jovem, que exige certa sofisticação. São pessoas que preferem veículos pequenos e alternam o uso urbano com o lazer fora da cidade. Nasceu o carro *Fox*, que teve seu conceito e posicionamento apresentados em 2003, com o seguinte *slogan*: "Compacto pra quem vê, gigante pra quem anda" (Consórcio, 2011). Em 2005, a VW lançou o *CrossFox*, um modelo *off-road*, desenvolvido para atender ao segmento dos consumidores guiados pela imagem.

Com base no caso exposto, vamos refletir sobre alguns pontos de nosso estudo:

As empresas buscam constantemente diferenciar-se de seus concorrentes em suas ofertas ao mercado. Quando uma empresa obtém sucesso, os concorrentes copiam a sua oferta. As empresas precisam repensar frequentemente as suas características, lançando benefícios que adicionem valores ao consumidor. **Como o estudo do comportamento do consumidor pode auxiliar a empresa na busca pela diferenciação?**

Ou, ainda, por que a **pesquisa** auxiliou a VW na identificação de oportunidades de negócios? Quais são as **influências** exercidas sobre os diversos tipos de consumidores apresentados pela pesquisa realizada pela VW que você identificou nos carros apresentados?

Vamos, agora, analisar os pontos questionados.

1. **Como o estudo do comportamento do consumidor pode auxiliar a empresa na busca pela diferenciação?**

    Auxilia no sentido de que a empresa passa a ter possibilidade de **desenhar um perfil de consumidor** para a criação de um veículo específico para ele.

2. **Por que a pesquisa auxiliou a VW na identificação de oportunidades de negócios?**

    Observamos que ela **apontou uma tendência** que não era percebida pelo mercado, o que contribuiu fortemente para o desenvolvimento de um novo carro. E, finalmente, podemos dizer que as influências exercidas sobre os diversos tipos de consumidores apresentados pela pesquisa realizada pela VW podem ser identificadas como **pessoais e culturais**.

Para saber mais

Se você quiser aprofundar seus estudos sobre o comportamento do consumidor, poderá consultar as seguintes obras:

GADE, C. *Psicologia do consumidor*. São Paulo: EPU, 1980.
GIGLIO, E. *O comportamento do consumidor*. São Paulo: Pioneira, 2002.
KARSAKLIAN, E. *Comportamento do consumidor*. 2. ed. São Paulo: Atlas, 2004.

Síntese

Comentamos que o grande diferencial competitivo de uma empresa está em criar valor para o consumidor. Para que isso aconteça, é necessário conhecê-lo, saber o que ele espera e como se comporta, para então buscar atender a seus desejos e suas necessidades. **Estudar o comportamento do consumidor é entender seus pensamentos e ações**, bem como as influências que ele sofre no momento da decisão de compra. A vantagem competitiva é o valor que uma empresa consegue criar, com base em sua competência essencial. É aquilo que ela realmente sabe fazer, e isso é percebido pelo público. Para tal, é preciso conhecer, melhor do que o concorrente, as necessidades do consumidor. Caso contrário, este escolherá o produto rival em detrimento daquele oferecido pela sua empresa.

Questões para revisão

1. Por que estudar o comportamento do consumidor é importante para o *marketing*?

2. Quanto maior for o risco percebido pelo consumidor sobre a compra que projeta realizar, maior atenção prestará ao *mix* de *marketing*. Justifique essa afirmativa.

3. Assinale a única alternativa errada:
   a. Em um mercado cada vez mais turbulento e mutável, o estudo do comportamento do consumidor permite que a empresa se mantenha atenta à realidade.
   b. É fundamental entender os fatores de influência no comportamento dos consumidores para que a empresa ajuste seu *mix* de *marketing* às necessidades destes.
   c. O consumidor está cada vez mais exigente e ciente de suas expectativas e de suas necessidades. A empresa que não compreender essa realidade não sobreviverá no mercado.
   d. Valor agregado é acrescentar ao produto um fator diferenciado na sua composição.

4. O Brasil vem demonstrando um aumento no número de pessoas que moram sozinhas. Esses consumidores têm necessidades específicas, como apartamentos pequenos. A que fatores de influência podemos associar esse crescimento?
   a. Sociais.
   b. Familiares.
   c. Demográficos.
   d. Grupos de referência.

5. O interesse de um consumidor por computadores reflete o seu convívio com uma sociedade tecnológica. Ele sabe o que são computadores, conhece a sua importância e tem consciência de que a sociedade valoriza quem domina a linguagem da informática. Os fatores que influenciam o comportamento de compra deste consumidor são:
   a. Sociais.
   b. Pessoais.
   c. Mercadológicos.
   d. Culturais.

capítulo 2
determinantes do comportamento

Conteúdos do capítulo

» Fatores de influência no comportamento do consumidor.

» Teorias de motivação.

» Modelos de valor, papéis e escalas de valores.

Após o estudo deste capítulo, você será capaz de:

1. compreender os fatores de influência no comportamento de consumo;
2. identificar os diversos papéis exercidos pelos consumidores;
3. analisar mudanças e tendências do consumo.

O que, exatamente, determina o nosso comportamento de consumo? O fator determinante tem início em uma necessidade. Todos nós possuímos necessidades e desejos, e toda **necessidade** gera o **desejo** por algo que provoque a **satisfação**.

É inacreditável o número de fatores que nos influenciam constantemente e nos fazem tomar decisões de compra nas mais diversas situações. A todo momento nós, seres humanos, procuramos ser aceitos pelo grupo ao qual pertencemos ou, então, satisfazer às nossas necessidades. E elas vão desde as mais básicas até as mais complexas, as quais podem estar relacionadas às nossas crenças e percepções de mundo.

Necessidades

Como veremos mais adiante neste capítulo, as necessidades humanas são divididas em **fisiológicas, sociais,** de **segurança,** de *status* e de **autorrealização**. E o consumo de produtos e serviços é um meio de saciar essas carências.

Logo, o dever do *marketing*, como definiu Andrade (2009, p. 26, grifo nosso), "é **atender às necessidades do cliente** e aos objetivos da organização, além de estabelecer uma cultura na empresa que beneficie a sociedade como um todo, assim agregando valor". Isso significa que a empresa deve conhecer o seu cliente e entender o que o faz escolher determinados produtos e serviços.

Desejos

Há um processo que as empresas e profissionais de *marketing* precisam analisar para atender e satisfazer ao seu mercado. Esse processo começa pela necessidade humana, que é um estado de privação de alguma satisfação básica. Essa necessidade gera um desejo, que é a carência por uma satisfação específica para atender à necessidade. Esse desejo leva à demanda, que é o desejo de adquirir produtos ou serviços específicos. Esses produtos ou serviços podem ser oferecidos para satisfazer a essa necessidade ou desejo.

Necessidade gera → **desejo** gera → **demanda** por **produtos** ou **serviços**.

Você já havia observado que todas as compras são impulsionadas por desejos? Isso é um fato comprovado: os desejos surgem em todos os momentos, como, por exemplo, o ideal de adquirir uma casa. Construímos um sonho e nos esforçamos para realizá-lo.

A empresa deve conhecer o seu cliente e entender o que o faz escolher determinados produtos e serviços.

A revista Casa e Jardim (2010, p. 4) publicou a imagem de uma sala mobiliada acompanhada da seguinte frase:

> O *design* é inovador, mas você tem sempre a sensação de já ter visto nossos produtos nos seus sonhos.

Como você pôde observar neste exemplo, muitas propagandas se preocupam em estabelecer uma relação direta com os nossos desejos, nossos sonhos.

Freios

As necessidades, de uma forma generalizada, ativam as motivações. Estas, por sua vez, movem os indivíduos em direção a possíveis formas de satisfazer àquelas. Entretanto, as motivações encontram resistências, os chamados *freios*, que são definidos como "forças que vão na direção contrária das motivações" (Karsaklian, 2004, p. 38).

> **Necessidades** ativam → **motivações** movem-se em direção à → **satisfação** de desejos.
> **Motivações** encontram → **resistências** = freios **(medos e inibições)**.

Um dos maiores questionamentos, que reforça os freios, é o pensamento do indivíduo, anterior à aquisição de um bem, sobre qual será a opinião das outras pessoas em relação ao uso ou à compra de determinado produto. Assim, por exemplo, dependendo do contexto social no qual o indivíduo está inserido, ele provavelmente não fará tatuagens porque não será aceito em uma sociedade que estabelece certas regras ou crenças.

Podemos, segundo Karsaklian (2004), classificar os freios em dois tipos:

> » **Inibições** – forças que fazem com que o indivíduo domine uma motivação na compra ou no uso de determinado produto por sentir-se desconfortável na presença dos demais
> » **Medos** – vinculados a pensamentos internos, como riscos físicos ou financeiros.

O *marketing* das empresas tem como função atenuar os freios, para que a motivação em consumir ou adquirir produtos permaneça. Vamos, portanto, examinar, na sequência, englobados na significância de desejos e necessidades, o que determina o comportamento de consumo.

Fatores que determinam o comportamento de consumo

Kotler (2000, p. 33) afirma que "os profissionais de *marketing* [...] influenciam desejos". Com certeza isso é verdade, mas apenas se entendermos, como profissionais dessa área, o que nossos clientes precisam e desejam. Com a velocidade das informações e das inovações nos produtos e serviços, os consumidores estão bem mais seletivos e exigentes. Esse é um dos principais motivos pelos quais as empresas precisam conhecê-los cada vez mais. É necessário saber qual a real impressão que eles têm a respeito das marcas dos produtos que adquirem.

O *marketing* das empresas tem como função atenuar os freios, para que a motivação em consumir ou adquirir produtos permaneça.

Devemos perguntar, de acordo com Karsaklian (2004), se o comportamento de compra não é muito mais influenciado pela imagem percebida do que pela imagem real. Atualmente, a imagem que o produto apresenta para a pessoa no ato do contato visual pode definir ou motivar a compra.

O autoconceito implica saber se os consumidores compram produtos em virtude da imagem que têm de si mesmos ou se a formam com base nos produtos comprados. Essa dúvida salienta o caráter indireto do vínculo entre personalidade e compra por meio do autoconceito.

O *status* da compra e do consumo de um produto torna-se um ingrediente da personalidade que cada um atribui a si mesmo. Ou seja: os consumidores buscam comprar marcas que satisfaçam ao seu ego ou desejo. Assim, na opinião de Gade (1998, p. 102), "aqueles produtos que são valorizados positivamente e que sinalizem aprovação social acenam para o indivíduo com esta valorização e aprovação".

Nesse cenário, cada pessoa tem a sua percepção de valor. Portanto, as empresas devem estudar seus mercados e entender seus consumidores, a fim de oferecer a eles os diferenciais dos quais necessitam.

Sendo assim, vamos verificar quais os fatores presentes ou que dão origem a necessidades e desejos.

> **As empresas devem estudar seus mercados e entender seus consumidores, a fim de oferecer a eles os diferenciais dos quais necessitam.**

A cultura

A **cultura** é uma das mais importantes influências da sociedade sobre os indivíduos. Boone e Kurtz (1998, p. 168) a definem como "um conjunto de valores, crenças, preferências e gostos passados de uma geração para outra". Não falamos apenas de valores abstratos ou de ideias e atitudes, mas também de valores materiais, e aqui estão incluídos produtos e serviços.

Esses valores, hábitos e costumes são aprendidos e compartilhados por um grupo social e impactam profundamente na maneira como nos percebemos nos produtos e serviços que compramos e usamos.

> Se você observar, irá verificar que as características culturais variam de acordo com a região. Assim, muitas vezes, um costume que é visto de forma positiva em um local pode ser encarado negativamente em outro.

Os **fatores culturais**, para Kotler (2000), referem-se à cultura, à subcultura e à classe social.

> » **Cultura** – composta por valores, percepções, preferências e comportamentos da família e de outras instituições.
> » **Subcultura** – fornece identificação e socialização mais específicas a partir da nacionalidade, da etnia, da religião e das regiões geográficas.
> » **Classe social** – reflete renda, ocupação, grau de instrução e área de residência, entre outras características. Pessoas de diferentes classes sociais diferem em vestuário, padrões de linguagem, preferências de atividades, lazer etc.

Perguntas e respostas

Como é transmitida a cultura?

É por meio da família, das instituições religiosas e educacionais e da vivência na sociedade que a cultura é transmitida. Seus princípios básicos são duradouros.

Valores culturais

O conjunto de valores culturais pode ser influenciado por fatores econômicos e sociais, como o contexto que levou à participação da mulher no mercado de trabalho. Confira o quadro a seguir, que resume as principais mudanças notadas no comportamento ocidental quanto aos valores básicos.

Quadro 3 – Mudanças no comportamento ocidental

Valores tradicionais	Novos valores
Ética de autonegação (tentativa de esquecer aquilo que causa dor ou angústia)	Ética de autorrealização (realizar seu potencial e se desenvolver)
Padrão de vida mais alto	Melhor qualidade de vida
Papéis tradicionais dos sexos	Mistura dos papéis do homem e da mulher
Definição clássica ou determinista de sucesso (conformação com o que é preconcebido)	Definição individualizada de sucesso
Vida familiar tradicional	Famílias alternativas
Fé na indústria e nas instituições	Confiança em si próprio
Viver para trabalhar	Trabalhar para viver
Culto ao "herói"	Amor pelas ideias
Expansionismo	Pluralismo
Patriotismo	Menor nacionalismo
Crescimento sem paralelos	Crescimento responsável e sustentável
Crescimento industrial	Crescimento de informações e serviços
Receptividade à tecnologia	Orientação para a tecnologia

Fonte: Adaptado de Churchill Junior; Peter, 2003, p. 156.

O quadro nos mostra que os valores dos indivíduos sofrem alterações com o decorrer do tempo. Todas as mudanças pelas quais o mundo passa refletem diretamente em nossos comportamentos, valores e costumes. Alguns exemplos são a introdução da mulher no mercado de trabalho, o advento de novas tecnologias e a formação de novos tipos de família – por exemplo, homossexuais, pessoas solitárias e filhos que não deixam a casa dos pais. Além destas, a busca tanto pela qualidade de vida quanto pela qualidade no trabalho também estão entre as muitas transformações que vivemos nas últimas décadas.

Todas as mudanças pelas quais o mundo passa refletem diretamente em nossos comportamentos, valores e costumes.

Essas modificações culturais, ocorridas no transcorrer do processo evolutivo de nossa sociedade, alteraram profundamente o perfil do consumidor.

A subcultura

Fizemos uma breve descrição de aspectos da cultura. No entanto, devemos considerar que a cultura de cada país, por exemplo, é modificada constantemente devido à diversidade das populações. Surge, assim, a subcultura: **um segmento dentro de uma cultura, que tem em comum com esta os seus valores e padrões.**

A subcultura pode se caracterizar, entre outros aspectos, por:
- idade;
- religião;
- etnia;
- nível de renda;
- nacionalidade;
- sexo;
- tipo de família;
- ocupação.

Classificar uma população a partir da identificação de sua subcultura possibilita à empresa aproximar a comunicação com o público-alvo.

Estudos mostram que cada indivíduo pertence a mais de uma subcultura. Portanto, o grau de influência desse fator pode variar de um indivíduo para outro, pois o padrão geral descrito para uma subcultura não atinge de forma igual a todos os indivíduos que estão a ela submetidos.

Classes sociais

Quando, ao nos referirmos a fatores culturais, focamos aspectos relativos às classes sociais, estas revelam informações relativas à classificação dos grupos, considerando:

- » níveis de hierarquia de *status* nacional;
- » aspectos referentes a valor e prestígio;
- » condições com base em habilidades, poder e riqueza.

Além disso, as classes sociais apresentam entre si diferenças claras com relação a comportamentos e valores. Por exemplo:

- » As **classes mais baixas** tendem a pensar a curto prazo e são mais emocionais em suas decisões.
- » Os integrantes das **classes médias** tendem a imitar as pessoas de classe alta.
- » As **classes altas**, por sua vez, buscam o prestígio, a alta qualidade e o bom gosto.

Nesse cenário, é importante lembrarmos: o que define uma classe social não é apenas a renda do indivíduo, mas também sua ocupação e formação.

Por exemplo, um segurança noturno pode ganhar mais do que um professor. Pode, também, ter cursado uma universidade, algo que ocorre hoje em dia. Apesar do seu grau de instrução, a ocupação que exerce não está incluída na mesma classe social, de acordo com os conceitos da cultura brasileira. Podemos, ainda, recorrer aos exemplos de políticos e empresários que são praticamente analfabetos, mas possuem poder e riqueza. Eles estão inclusos na classe alta, enquanto muitos pós-graduandos e pós-graduados estão nas classes baixas.

Como vimos, a cultura, a subcultura e a classe social à qual o indivíduo pertence são fatores que influenciam o que ele pode ou não consumir. Mas, além dos culturais, há outros fatores de importância que determinam preferências de compra, como os sociais.

Fatores sociais

O ser humano sempre viveu em sociedade. Assim, em nossa análise de fatores que influenciam os consumidores, não podemos deixar de considerar o **ambiente social** em que o indivíduo está inserido e as suas interações nesse contexto.

Os fatores sociais determinam a condição social do consumidor, pois ele, conforme observação de Engel, Blackwell e Miniard (2000), também é afetado por pressões do ambiente em que está inserido, mais do que por suas atitudes pessoais.

Entre os elementos diretamente relacionados ao ambiente social, encontramos os grupos de referência, a família, os papéis e o *status*. Portanto, para que você tenha uma visão mais detalhada sobre o assunto, faremos a descrição desses fatores sociais.

Grupos de referência

São os grupos que exercem influência direta ou indireta sobre o comportamento de um indivíduo. Os de **referência direta** são chamados de *grupos de afinidade* e podem ser:

> » **Primários** – família, amigos, vizinhos e colegas de trabalho.
> » **Secundários** – grupos religiosos, profissionais e associações de classe.

Entre os grupos de referência indireta existem aqueles aos quais a pessoa não pertence, mas que a influenciam positivamente por serem o segmento que ela gostaria de integrar. São os chamados *grupos de aspiração*. Há também os grupos cujo comportamento é rejeitado pelo indivíduo, denominados de *grupos de dissociação*.

Os grupos de referência exercem forte influência, principalmente sobre a escolha da marca do produto. Conversas, recomendações, convites, solicitações, sugestões, ordens, promessas, persuasão, críticas, elogios e provocações são formas de influenciar uma pessoa. Quanto maior for a confiança no grupo de referência e menor o conhecimento sobre o produto, mais poderosa será a influência que o grupo exercerá sobre o consumidor.

Família

A família (ou domicílio), na visão de Mowen e Minor (2003), é formada pelas pessoas que vivem em uma mesma casa, como casais, com ou sem filhos, e colegas que dividem apartamentos.

Os grupos de referência têm forte influência, principalmente sobre a escolha da marca do produto.

Já para Kotler (2000), esse grupo social é subdividido em família de orientação (pais e irmãos) e família de procriação (cônjuge e filhos). Aqui, as mulheres têm um papel fundamental, principalmente pelo fato de que obtêm, a cada dia, maior poder de compra dentro de casa. Segundo o autor, a família também é a mais importante organização de compra de produtos de consumo.

Papéis e status

Status são as diferentes posições ocupadas pelas pessoas nos seus diversos grupos de referência. Papéis podem ser definidos como aquilo que a sociedade espera que o indivíduo desempenhe. Cada papel carrega um *status*, uma posição social correspondente. Nesse contexto, as pessoas querem se diferenciar das demais e construir um discurso para as suas personalidades.

Por exemplo, ser um juiz oferece mais *status* do que ser um representante de vendas. Por esse motivo, esses atores escolherão produtos diferentes para representar seus papéis na sociedade.

Fatores pessoais

As decisões de compra também são influenciadas por fatores pessoais. Estes incluem as características de cunho pessoal, que comentaremos a seguir, como idade, ocupação, circunstâncias econômicas, estágio do ciclo de vida, personalidade e autoimagem.

Idade e estágio no ciclo de vida

Um indivíduo muda a sua cesta de consumo conforme a sua idade. Com o passar do tempo, suas necessidades mudam e dificilmente serão sempre as mesmas. Já os padrões de consumo são moldados de acordo com o ciclo de vida da família. Para Engel, Blackwell e Miniard (2000), há nove estágios nesse ciclo:

1. **solteiros** – poucos compromissos.
2. **recém-casados** – jovens sem filhos.
3. **ninho cheio I** – filhos com menos de seis anos.
4. **ninho cheio II** – filhos com mais de seis anos.
5. **ninho cheio III** – casais maduros com filhos dependentes.
6. **ninho vazio I** – casais maduros, que trabalham, com filhos vivendo fora de casa.
7. **ninho vazio II** – casais maduros, aposentados, com filhos vivendo fora de casa.
8. **sobrevivente solitário que trabalha.**
9. **sobrevivente solitário aposentado.**

Ao analisarem o mercado, é necessário que as empresas saibam com qual público estão conversando. Um exemplo disso são as pessoas da terceira idade. Atualmente, representam um grupo consumidor crescente, com poder aquisitivo e disposição para consumir. Solomon (2002) afirma que, à medida que a população envelhece, suas necessidades vão se alterando e esta passa a buscar mais autonomia – vidas ativas e autossuficiência – além de maior conexão com seus amigos e sua família.

Ocupação e circunstâncias econômicas

A profissão e as circunstâncias econômicas dos indivíduos definem seu poder aquisitivo. De acordo com o poder aquisitivo e com o *status* desejado, é possível definir as necessidades por produtos específicos, como ternos para executivos e botinas para operários. Mas as empresas também precisam ficar atentas às alterações na economia, pois, em meio a uma crise econômica, por exemplo, é reduzido o padrão de consumo da família, com a eliminação do supérfluo e a compra de apenas produtos essenciais.

Ao analisarem o mercado, é necessário que as empresas saibam com qual público estão conversando.

O padrão de consumo dos indivíduos, de acordo com Kotler (2000), é influenciado pela ocupação que exercem. Grupos de ocupação com interesses comuns possuem elementos que determinam as suas circunstâncias econômicas e que afetam diretamente a escolha de produtos. Como exemplos desses elementos, temos a renda disponível, a posse de patrimônio ou poupança, a capacidade de endividamento, as condições de crédito, entre outros aspectos.

Personalidade e autoimagem

Sabemos que toda pessoa tem um jeito de agir, pensar e gostar. Essas peculiaridades formam a personalidade, o que torna cada ser humano único. Vejamos as concepções de dois autores:

» **Karsaklian** (2004, p. 39) afirma que "a personalidade é a referência a um atributo ou característica da pessoa que causa alguma impressão nos outros".
» **Gade** (1998) define personalidade como a organização interna de traços que determinam as atitudes e o modo de desempenhar os papéis sociais. Cada indivíduo cria o seu modo de viver e de enxergar o mundo, o que o diferencia dos demais.

A personalidade refere-se às características psicológicas que diferenciam as pessoas, como autoconfiança, domínio, autonomia, submissão, sociabilidade etc.

Já a autoimagem possui diferentes nuances:

» como a pessoa se vê (imagem real);
» como ela gostaria de se ver (imagem ideal);
» como ela pensa que os outros a veem (imagem de acordo com os outros).

Devido a sua complexidade, o conceito de autoimagem apresenta resultados irregulares quando utilizado para determinar o comportamento do consumidor.

Estilo de vida

O estilo de vida engloba as atividades, os interesses e as opiniões de uma pessoa (Kotler, 2000). É expresso, por exemplo, pela forma como os indivíduos gastam seu dinheiro ou seu tempo.

As classificações de estilos de vida não são universais, pois cada sociedade possui diversos segmentos. Existem diferentes abordagens para proceder à classificação dos consumidores em relação ao seu estilo de vida, o que auxilia as empresas na segmentação de clientes e *prospects*.

Fatores psicológicos

Para conhecer o comportamento de compra do consumidor, precisamos primeiramente entender a interferência dos fatores psicológicos. Segundo a análise de Kotler (2000), esses fatores podem ser divididos em:

» motivação;
» percepção;
» aprendizagem;
» crenças e atitudes.

Para que você tenha uma visão aprofundada do comportamento do consumidor, é fundamental saber como isso ocorre. Por isso, iremos discorrer de forma detalhada sobre esses fatores nos próximos itens.

A motivação como determinante psicológico

Como você estimularia o consumidor a realizar compras? É preciso conhecer o comportamento das pessoas para identificar formas pela quais novas compras possam ser estimuladas. Nesse cenário – se a intenção é entender o consumidor –, o primeiro ponto a ser considerado é saber como funciona a sua motivação. Afinal, o ser humano não consome se não está motivado a comprar.

Karsaklian (2004, p. 23) afirma que "a base das motivações encontra-se na questão do equilíbrio psicológico do indivíduo. A descoberta de uma necessidade leva o indivíduo a uma situação de desconforto". A esse respeito, Kotler (2000) acrescenta ainda que essa situação de desconforto é motivo suficientemente importante para levar a pessoa a agir.

Nesse processo, encontramos:

» Os **impulsos fisiológicos primários**, que são a fome, a sede e o sono.
» Os **impulsos secundários**, que são hábitos orientados por princípios e valores de uma determinada sociedade ou grupo social.

> São as chamadas *necessidades psicológicas*. São exemplos as necessidades de reconhecimento, de autoestima ou simplesmente de não comer gorduras, pois estas provocam obesidade e fazem aumentar o colesterol etc.

É nessas necessidades que as empresas se concentram. De acordo com Karsaklian (2004, p. 36), "o processo de motivação inicia-se com a detecção de uma necessidade". Essa ideia é corroborada por Gade (1998, p. 86), para quem "o organismo se torna estimulado por necessidades internas ou externas, que podem ser fisiológicas ou psicológicas".

Assim, podemos dizer que a motivação ou o desejo têm sua origem em uma necessidade. É importante observarmos que nem sempre o estímulo interno, como a fome, é de ordem fisiológica. Por exemplo, mesmo sem ter fome, podemos experimentar essa sensação ao vermos um comercial de pizzas na televisão. O desejo de ir a uma pizzaria surge tanto no caráter fisiológico quanto no psicológico.

Para entender esse comportamento, foram desenvolvidas várias abordagens sobre a motivação, as quais podem auxiliar os profissionais de *marketing* nas suas atividades. Vamos apresentar a seguir algumas das mais importantes.

A teoria de Maslow

Sentimos várias necessidades, mas buscamos satisfazer primeiro àquela que parece ser a mais importante. Maslow, citado por Stephens (2003), afirma que o comportamento motivacional é resultado dos estímulos internos ou externos que agem sobre as pessoas. Estes despertam nelas o desejo, motivando-as, assim, a satisfazê-lo.

Uma necessidade, para Karsaklian (2004), cessa quando é satisfeita, e o indivíduo procura, então, a satisfação de outra carência. E quando uma necessidade não se realiza vem a frustração, estado que traz consequências como nervosismo, queda na autoestima, agressividade e insônia.

As nossas necessidades, de acordo com a teoria de Maslow, obedecem a uma hierarquia, organizando-se como podemos ver na Figura 2. No momento em que uma se realiza, surge outra em seu lugar. Dessa forma, estamos sempre procurando meios para satisfazê-las.

Figura 2 – Pirâmide de Maslow

Necessidade de autorrealização: desejo de se realizar como pessoa.

Necessidade de estima: aprovação social, prestígio.

Necessidades sociais: aceitação no grupo social e na família; afeto; amor.

Necessidades de segurança: preocupação com a sobrevivência física e com a garantia das necessidades básicas.

Necessidades fisiológicas: fatores de sobrevivência como fome, sono e sede.

Fonte: Adaptado de Stephens, 2003.

Podemos dizer que a motivação ou o desejo têm sua origem em uma necessidade.

Como você pode observar, na base estão as necessidades mais elementares. Só quando estas são satisfeitas é que se inicia a escalada em direção às demais, até chegar à autorrealização, no nível mais alto. A não satisfação das necessidades fisiológicas, de segurança e algumas sociais é fator de desmotivação. Já algumas necessidades sociais, de *status*, de estima e de autorrealização são fortes fatores motivacionais.

Se o indivíduo não tiver a sua necessidade do nível básico satisfeita, não sentirá as necessidades do nível superior. Por exemplo, sem as necessidades de segurança satisfeitas, não sentiremos necessidades sociais.

Perguntas e respostas

O que significa a concepção de "hierarquia das necessidades"?

Também conhecida como *Pirâmide de Maslow*, expõe a tese de que a motivação humana busca, num primeiro momento, suprir suas carências básicas, como alimentação e descanso, para depois satisfazer desejos mais altivos, como autorrealização e autoestima. Foi desenvolvida pelo pesquisador e psicólogo estadunidense Abraham H. Maslow (1908-1970), o qual se notabilizou por seus estudos sobre comportamento humano e motivação.

O modelo de aprendizagem ou pavloviano

> O fisiologista russo Ivan Pavlov (1849-1936), premiado com o Nobel de Medicina/Fisiologia em 1904, destacou-se por suas pesquisas relacionadas ao condicionamento do comportamento e ao reflexo condicionado. Seus estudos abriram caminho para o desenvolvimento da psicologia comportamental.

O modelo de aprendizagem – ou **pavloviano** – teve sua origem nos estudos do cientista russo **Ivan Pavlov**, cujo experimento, como explica Kotler (1998), consistiu em acionar uma campainha antes de alimentar um cão. Após várias repetições, o cientista passou a induzir a salivação do animal apenas ao fazer soar a campainha.

Com esse simples experimento, Pavlov concluiu que a aprendizagem é um processo associativo e elaborou um modelo em que esta ocorre em função do condicionamento ao qual o indivíduo é submetido. Trata-se do **modelo de estímulo-resposta**, que inclui aspectos como motivação, estímulo, resposta e reforço. Vejamos as suas conclusões a esse respeito, conforme expõe Kotler (1998):

» **Motivação** – é um forte estímulo interno que empurra o indivíduo à ação, como a fome, a sede, o sono, o sexo e o medo, entre outros.
» **Estímulo** – encontra-se no ambiente e nas pessoas e determina quando, onde e por que as respostas ocorrem.
» **Resposta** – é a reação aos estímulos.
» **Reforço** – é o estímulo à repetição de uma determinada resposta.

Essa teoria mostra que é possível criar demanda por um produto ou serviço se o associarmos a impulsos fortes por meio de sugestões motivadoras, reforçando-as positivamente.

O modelo psicanalítico ou freudiano

O modelo psicanalítico, também chamado *freudiano*, tem origem na psicologia clínica. Segundo essa teoria, "as forças psicológicas que formam o comportamento das pessoas são basicamente inconscientes e uma pessoa pode não entender completamente suas motivações" (Kotler, 2000, p. 194). No contexto dessa abordagem, Gade (1998) utiliza as teorias de Sigmund Freud para afirmar que a personalidade é constituída de três forças psicológicas: o id, o ego e o superego, as quais determinariam o comportamento do indivíduo. Essas três forças podem ser definidas da seguinte maneira:

- **Id** – é a fonte da energia dos impulsos instintivos, a busca pelo prazer. Exemplo: "Gostaria de beber todos os vinhos da adega!". Porém, como o ser humano não pode exteriorizar todos os seus desejos primitivos por viver em sociedade, desenvolve-se o superego.
- **Superego** – com a função de um juiz, cabe a ele a representação interna das proibições e dos valores da sociedade. Exemplo: "Não devo beber todos os vinhos da adega, melhor um só...".
- **Ego** – é um sistema que busca o equilíbrio entre os impulsos do id e as proibições do superego. Exemplo: "Vou beber uma garrafa de vinho... ou talvez meia garrafa".

Essas três forças, conforme afirma Gade (1998), também são as responsáveis pelo sentimento de culpa na hora da compra, que deve ser trabalhado pelos responsáveis pelas estratégias de *marketing*.

Algumas vezes, na hora da compra, o **id** pode falar mais alto do que o **ego** e o **superego**, fazendo com que compremos coisas por impulso e nos arrependamos mais tarde. É o que acontece com aquele sapato ou aquela bolsa dos quais não precisávamos. Quantos de nós temos em nossos armários coisas que compramos e nunca usamos?

A "culpa" na hora do consumo se relaciona com:

» **economia** – quando compramos algo de que não precisamos;
» **saúde** – quando consumimos algo que engorda, por exemplo;
» **moral** – quando consumimos algo que vai contra a moral socialmente estabelecida;
» **responsabilidade social** – quando não damos preferência a marcas responsáveis ou ambientalmente corretas.

Segundo Freud, as motivações psicológicas que ditam o comportamento das pessoas são basicamente inconscientes e ninguém poderia entender completamente suas atitudes. Assim, todas as características de uma marca influenciam na decisão de compra, pois qualquer uma delas pode estimular certas emoções e associações.

A teoria freudiana, conforme declara Gade (1998), é muito utilizada na definição da escolha dos apelos a serem feitos na comunicação com o consumidor. Mas, para que a teoria de Freud realmente funcione, você precisa detectar a real necessidade do consumidor para motivá-lo a optar por determinado produto.

O modelo de valor

Ao analisarmos o **modelo de valor** proposto por Kotler (1998), devemos considerar que ele se baseia na hipótese de que algumas pessoas optam por comprar de uma empresa que entregue um produto ou serviço cujo valor total seja superior ao custo total da produção em si. Nesse caso, são incluídos na valoração do produto ou serviço fatores como os valores do produto, do serviço oferecido, do atendimento e da imagem da empresa, entre outros.

Todas as características de uma marca influenciam na decisão de compra, pois qualquer uma delas pode estimular certas emoções e associações.

Por exemplo:

> » Alguns consumidores pagariam mais por determinado produto ou serviço se ele estivesse associado a uma ação social, como a preservação ambiental. Talvez você seja um deles.
> » Há ainda pessoas que pagariam mais para ter um automóvel ou celular de última geração.

O **valor**, para Porter (1992), refere-se ao montante que o comprador está disposto a pagar por aquilo que uma empresa lhe fornece a mais, como o valor agregado pela qualidade de um produto, por exemplo.

O behaviorismo

A teoria behaviorista foi a primeira a estudar o comportamento do consumidor. Segundo ela, o homem é moldado pelo ambiente que o cerca. Os estímulos, as recompensas e as punições recebidas, entre outros elementos, constroem o seu comportamento.

De acordo com essa abordagem, o indivíduo aprenderia a responder favoravelmente ou não a determinados estímulos que escapam ao seu controle. Na área de *marketing*, a satisfação obtida em determinada transação leva o consumidor a repetir seu comportamento de compra em busca de nova recompensa. Ou seja: leva à lealdade do cliente.

O behaviorismo antecedeu a teoria cognitivista, que admite que o estímulo, por si só, não explica a ocorrência de determinado comportamento. A satisfação seria o resultado da comparação dos aspectos internos e preexistentes com os elementos resultantes da transação.

A teoria behaviorista foi a primeira a estudar o comportamento do consumidor.

O consumidor, na perspectiva behaviorista, não avalia os produtos que lhe são oferecidos. Ele apenas é condicionado a responder de maneira favorável ou desfavorável aos estímulos recebidos. Em *marketing*, essa abordagem busca obter a lealdade do cliente por meio de recompensas a cada transação. É como se todas as vezes em que fôssemos trocar de carro optássemos pelo mesmo tipo por haver um estímulo oferecido pela marca. Isso significa que, para sermos fiéis a uma marca, devemos ser recompensados permanentemente.

A percepção como determinante psicológico

A percepção é a forma pela qual nós podemos organizar, interpretar e selecionar as informações recebidas para compreender o que se encontra ao nosso redor.

A aprendizagem não depende só dos estímulos recebidos do ambiente, mas também das relações entre estes e as condições interiores da pessoa. Para Sheth, Mittal e Newman (2001), a percepção é "um processo pelo qual um indivíduo seleciona, organiza e interpreta a informação que recebe do ambiente para criar uma imagem significativa do mundo".

Os consumidores, como afirmam Nickels e Wood (1999), tomam consciência do mundo externo por meio da percepção daquilo que os cerca. Esse processo ocorre por captação de dados, estímulos e sensações experimentadas por meio dos órgãos sensoriais: audição, visão, olfato, paladar e tato.

Mas, afinal, qual a real importância dos órgãos dos sentidos para o *marketing*? Por intermédio deles, você toma consciência sensorial de objetos ou eventos externos. A partir dessa observação, as empresas compreenderam que o apelo aos sentidos do indivíduo facilita a relação dele com os produtos.

A aprendizagem não depende só dos estímulos recebidos do ambiente, mas também das relações entre estes e as condições interiores da pessoa.

Qual a consequência disso na prática mercadológica? Você já observou? Karsaklian (2004, p. 49) apresenta um cenário que ilustra bem essa situação:

> Assim, nos pontos de venda tudo é estudado: luz amarela sobre os pães, rósea sobre as carnes, aroma de madeira perto dos vinhos, música de fundo nas lojas. Tudo é feito para estimular a visão, a audição, o olfato do consumidor e fazer com que ele se sinta à vontade.

Nesse processo, precisamos nos atentar para o fato de que o mesmo produto pode ser percebido de forma diferente por todos nós. Isso acontece devido a três fatores:

» **Atenção seletiva** – o grande número de estímulos que recebemos nos fazem prestar atenção naqueles que se relacionam a uma necessidade atual, instaurando uma divisão entre estímulos esperados e estímulos fora do comum.

» **Distorção seletiva** – é a tendência a transformar informações em significados pessoais, interpretando-as segundo nossos próprios prejulgamentos.

» **Retenção seletiva** – esquecemos muito do que vemos, mas tendemos a reter informações que sustentam nossas crenças e atitudes.

A percepção dos clientes, como explicam Sheth, Mittal e Newman (2001), é relevante para todos os aspectos das comunicações de *marketing*. Isso influencia o desenho do produto, as marcas, as embalagens, as peças de *merchandising*, as propagandas, entre outros aspectos e fatores.

Nós, consumidores, conforme observação de Sheth, Mittal e Newman (2001), não adquirimos um produto ou serviço por si só, mas pelos benefícios ou valores que este nos oferece. Os valores, na visão de Zeithaml (1988, p. 14, tradução nossa), são a "avaliação geral do consumidor da utilidade de um produto, baseada em percepções sobre o que é recebido e o que é dado".

Nesse contexto, segundo a opinião de Nickels e Wood (1999), o valor é mais emocional do que financeiro. Ele está intimamente ligado ao nosso conjunto de opiniões e crenças, e pode ser definido como a razão entre os benefícios percebidos e o preço praticado.

Assim, a faculdade de percepção, inerente ao ser humano, acaba por determinar uma noção de valor que se relaciona à capacidade de um produto solucionar, pelo menor custo, necessidades tanto de aquisição como de propriedade e de uso. Essa percepção é aprendida à medida que o indivíduo convive com os vários fatores de influência durante a sua vida.

Conforme os resultados da pesquisa de Blessa (2003, p. 29) a respeito da percepção do consumidor, "aprendemos" nas seguintes proporções:

- 1% pelo paladar;
- 1,5% pelo tato;
- 3,5% pelo olfato;
- 11% pela audição;
- 83% pela visão.

Esses resultados mostram por que as empresas se utilizam muito de mídias visuais, embalagens, marcas e *design* para conversar com os consumidores e chamar a sua atenção, diferenciando-se da concorrência através desses elementos.

A aprendizagem como determinante psicológico

A aprendizagem compreende as mudanças no comportamento de uma pessoa, em consequência do que ela experimenta. O ser humano está em constante aprendizagem: tudo o que vivenciamos altera nosso comportamento, transformando-nos a cada dia.

Podemos dizer que a aprendizagem, conforme Karsaklian (2004, p. 81), constitui-se em "uma modificação relativamente durável do comportamento em virtude da experiência passada". Assim, ela se define com base no resultado da experiência, independentemente de todas as tendências inatas, e inclui as mudanças de atitudes, emoções e comportamentos.

Nesse processo, o consumidor pode receber estímulos tanto negativos quanto positivos para adquirir um produto, e estes podem ser vistos de um modo ou de outro, de acordo com suas experiências pessoais. Conforme Gade (1998), a maior parte dos comportamentos humanos que é aprendida envolve o uso de bens e serviços.

O ser humano está em constante aprendizagem: tudo o que vivenciamos altera nosso comportamento, transformando-nos a cada dia.

Ficou clara para você a relação do comportamento do consumidor com o fator aprendizagem? E quanto ao *marketing*?

O *marketing* **precisa ter foco na aprendizagem**, que é uma forte aliada para determinar a escolha do cliente por uma determinada marca. Por esse motivo, os pensamentos e as ações estratégicos devem ser dirigidos aos consumidores com o objetivo fundamental de agir sobre a aprendizagem: **criação, modificação, consolidação**, entre outros. Isso independentemente do objetivo visível, que pode ser:

> Gerar uma atitude favorável para a adoção de uma marca.
> Contribuir para a memorização de uma propaganda.
> Consolidar um posicionamento.

Afinal, tudo o que um indivíduo possui em relação a valores é resultante de um conjunto de aprendizagens.

Crenças e atitudes como determinantes psicológicos

Por que falamos em *crença*? Uma crença é o pensamento descritivo que determinada pessoa mantém a respeito de alguma coisa. Isso tem como base o conhecimento, a opinião ou a fé, e pode ou não conter uma carga emocional. São as crenças que estabelecem a imagem de marcas e produtos.

E onde se dá a conexão entre mercado consumidor e atitude? A atitude pode ser derivada de um ou mais valores, e um valor pode envolver várias atitudes. O valor é mais dinâmico, com forte componente motivacional. É um determinante da atitude e do comportamento e explica as semelhanças e as diferenças entre os indivíduos. Cada indivíduo apresenta atitudes próprias, que determinam, por exemplo, a sua preferência por determinada marca, aproximando-se ou distanciando-se de um produto.

São as crenças que estabelecem a imagem de marcas e produtos.

A atitude faz com que a pessoa sempre opte pela mesma marca. Para Engel, Blackwell e Miniard (2000, p. 196), "mudar uma única atitude pode exigir que se façam adaptações mais profundas em outras atitudes". Afinal, ela é um sistema de crenças, valores, intenções e emoções.

Quadro 4 – Fatores determinantes do comportamento de consumo

	FATORES	
1. CULTURAIS	**a. Cultura** → valores básicos	
	» fatores econômicos e sociais	
	b. Subcultura → caracterizada por	
	» idade	
	» religião	
	» etnia	
	» renda	
	» sexo	
	» ocupação etc.	
	c. Classe social → abrange	
	» hierarquia de *status* nacional	
	» valor e prestígio	
	» habilidades, poder e riqueza	
2. SOCIAIS → pressões do ambiente →	**a. Grupos de referência**	
	» primários	
	» secundários	
	b. Família	
	» família de orientação	
	» família de procriação	
	c. Papéis e *status*	
	» o que a sociedade espera que o indivíduo desempenhe	
	» posição social	
3. PESSOAIS → inserem-se aqui aspectos como →	**a.** idade	
	b. estágios no ciclo de vida	
	c. ocupação	
	d. circunstâncias econômicas	
	e. personalidade	
	f. autoimagem	
4. PSICOLÓGICOS (teorias) →	**a. Motivação**	
	» Teoria de Maslow	
	» Modelo de aprendizagem – Pavlov	
	» Modelo psicanalítico	
	» Modelo de Valor	
	» Behaviorismo	

(continua)

(Quadro 4 – conclusão)

4. PSICOLÓGICOS (teorias) →	**b. Percepção**
	» atenção seletiva
	» distorção seletiva
	» retenção seletiva
	c. Aprendizagem
	» as experiências como determinantes na transformação e assimilação de hábitos
	d. Crenças e atitudes
	» conhecimento
	» opinião
	» fé
	» valor

Elaboramos o Quadro 4 para dar uma visão geral dos principais fatores que interferem nos processos de comportamento do consumidor. Esses estudos têm o objetivo de traçar o perfil do consumidor e apontar para as estratégias de *marketing* a serem adotadas tanto para produtos como para serviços.

No contexto dos valores sociais e culturais, vale lembrar que o Instituto Akatu (2007) realizou uma pesquisa recente, cujo resultado revelou que 82% dos consumidores chamados *conscientes* pagariam mais por produtos e serviços ofertados por empresas que realizam projetos em favor do meio ambiente.

Parâmetros para classificar grupos de consumidores

Diferentes grupos de consumidores podem, de acordo com Mowen e Minor (2003), ser descritos pelo estudo da maneira como vivem e trabalham, com a utilização da análise psicográfica.

A **psicografia**, sob o ponto de vista do *marketing*, é a ciência responsável pela mensuração e categorização dos estilos de vida a partir da descrição das características psicológicas dos consumidores. Ela avalia os modos de vida por meio da medição do trinômio *AIO* – do inglês *activities, interests and opinions* (atividades, interesses e opiniões).

Psicografia: aqui entendida como rubrica inserida na área de *marketing*, ou seja, "estudo do estilo de vida, atividades, interesses etc. dos consumidores" (Houais; Villar; Franco, 2001, p. 2326)

Vals

Desenvolvido na década de 1980, o **Vals** – *Values and lifestyle* (valores e estilo de vida), de acordo com Mowen e Minor (2003), é o inventário psicográfico mais utilizado atualmente pelas empresas norte-americanas para segmentar mercados e servir como base para o desenvolvimento de novos produtos e estratégias de comunicação.

Existem dois sistemas **Vals**. O primeiro é baseado na **hierarquia das necessidades** de Maslow. A partir de um questionário composto por 66 perguntas, eram medidas as opiniões dos consumidores sobre questões sociais, por meio das opções "concordo" ou "discordo". No entanto, esse sistema tornou-se obsoleto.

Com a obsolescência do primeiro sistema **Vals**, um segundo sistema – o **Vals2** – foi desenvolvido especialmente para identificar relações específicas entre as atitudes do consumidor e o comportamento de compra. Nesse novo sistema, conforme Solomon (2002), o questionário para a segmentação passou a possuir 35 itens de caráter psicológico e quatro de caráter demográfico. As questões sociais foram substituídas por indicadores de **estilos de vida**, que definem oito segmentos de consumidores.

Os grupos de consumidores **Vals2**, de acordo com Mowen e Minor (2003), são categorizados em:

- **Efetivadores** – possuem alta renda, independência e nível universitário.
- **Realizados** – possuem alta renda, família e nível universitário; são realizados.
- **Crentes** – são pessoas de baixa renda, previsíveis, religiosas e moralistas.
- **Realizadores** – pessoas de alta renda, que buscam *status* e têm foco na sua imagem.
- **Esforçados** – são pessoas de poucos recursos e que buscam *status*, pois acreditam que o dinheiro define o sucesso.
- **Experimentadores** – jovens de alta renda, dispostos a correr riscos.

> **Executores** – trabalhadores braçais, conservadores e que priorizam a família.
> **Batalhadores** – são pessoas pobres, com pouco estudo e que priorizam a sobrevivência.

Uma das maiores utilidades dos **Vals** está na escolha mais adequada das ferramentas de comunicação de *marketing* que podem ser dirigidas a um segmento. Dessa forma, os estilos de vida podem ser melhor explorados pela mensagem promocional.

LOV

O sistema **LOV** – *List of values* (lista de valores) é uma alternativa ao Vals. Seu objetivo é avaliar os valores dominantes no indivíduo, em uma escala que prevê a existência de nove valores:

1. Senso de pertinência.
2. Diversão e entretenimento.
3. Relações afetuosas.
4. Autorrealização.
5. Ser respeitado.
6. Entusiasmo.
7. Senso de realização.
8. Segurança.
9. Autorrespeito.

A lista pode ser usada para classificar indivíduos dentro da hierarquia das necessidades de Maslow e relacioná-las com os valores dos principais papéis assumidos na vida, como casamento, filhos, trabalho, lazer etc. Os nove valores são ranqueados em ordem de importância, e os dois valores mais importantes devem ser selecionados.

Escala de valores de Rokeach

A pesquisa de valores busca classificações baseadas nas demandas internas do indivíduo e não nos estímulos externos. O objetivo, de acordo com Kotler (1998), é encontrar a relação entre valores, atitudes e comportamentos. Nesse processo, vários motivos podem levar você a atribuir mais importância a um valor do que a outro. E os valores implicam, conforme os resultados dos estudos de Rokeach (1973), uma preferência.

> Milton Rokeach (1919-1988) foi um pesquisador estadunidense da área de psicologia social.

Para Rokeach (1981), a pesquisa de valores é um teste que busca obter classificações e resulta em medidas quantitativas separadas de valores e sistemas de valores.

Com essa concepção, Rokeach (1973) dividiu os valores em **terminais** (representação da preferência de estados finais de existência) e **instrumentais** (comportamentos preferenciais para se chegar aos valores terminais). O conceito defende que é através de ações como interação social ou consumo que os indivíduos alcançam seus valores pessoais.

Quadro 5 – Escala de valores de Rokeach

Valores terminais	Valores instrumentais
1. Um mundo de paz	1. Ser honesto
2. Segurança familiar	2. Ser responsável
3. Felicidade	3. Ser polido
4. Harmonia interior	4. Ser amoroso
5. Amizade verdadeira	5. Ser capaz
6. Autorrespeito	6. Ser animado
7. Igualdade	7. Ser prestativo
8. Sabedoria	8. Ser autocontrolado
9. Segurança nacional	9. Ser asseado
10. Salvação	10. Ser corajoso
11. Amor maduro	11. Ser independente
12. Sentimento de realização	12. Ser tolerante
13. Liberdade	13. Ser imaginativo
14. Prazer	14. Ser obediente

(continua)

Quadro 5 – (conclusão)

15. Vida confortável	15. Ser lógico
16. Um mundo de beleza	16. Ser intelectual
17. Reconhecimento social	17. Ser liberal
18. Uma vida excitante	18. Ser ambicioso

Fonte: Adaptado de Rokeach, 1973.

Como você pode observar no Quadro 5, essa escala, desenvolvida por Milton Rokeach em 1973 e resultado de uma pesquisa denominada *Rokeach Value Survey* (RVS), consiste em duas listas de 18 valores que os consumidores devem classificar por ordem de importância.

Essas abordagens constituem um importante auxílio às empresas no desenvolvimento de ações mercadológicas. No entanto, devemos estar atentos ao risco de os resultados obtidos sofrerem simplificação demasiada.

Estudo de caso

Mercado de luxo

Vamos recorrer a um artigo publicado em 2009 para observarmos fatores relativos ao comportamento do consumidor. Assim você poderá observar como se comporta o mercado na prática, e não apenas por suposições.

Mercado de luxo supera média do varejo e prevê crescimento de 8% em 2009

Especialistas dizem que marcas famosas ganham com "apelo emocional". Crise mais branda colabora para desempenho acima da média no Brasil.

Enquanto o varejo brasileiro ainda tenta se recuperar das perdas registradas no final do ano passado [2008], o mercado de luxo no país espera crescer 8% este ano [2009], segundo levantamento feito pelo instituto de pesquisa GfK para a consultoria MCF.

"Não é tão positivo assim, a gente precisa ser realista. Mas existe a questão de que o luxo são marcas muito impregnadas de símbolos, de desejos, que acaba sendo uma vantagem competitiva a mais", diz Carlos Ferreirinha, presidente da MCF. Na rede de joalherias Tiffany no Brasil, a crise mal passou pela porta. Sem falar em números, a gerente-geral da rede no país, Patrícia Assui, afirma [...] que o crescimento das vendas chegou a surpreender: "Está maior do que o do ano passado, está em dois dígitos. Quando fomos fazer o planejamento para este ano, achamos que ia crescer, mas não tanto. Obviamente não vou dizer que está no ritmo acelerado que estava há um ano, mas superou nossas expectativas", comemora.

Já no exterior, onde a marca tem suas bases mais tradicionais, o resultado é bem menos empolgante. "O epicentro da crise foi Nova York, o impacto no nosso negócio foi tremendo lá", diz Patrícia.

"De fato no Brasil (o mercado de luxo) está indo muito bem, não foi tão prejudicado como no exterior. A reação brasileira de forma geral foi bem melhor – continua crescendo, mas realmente o crescimento é um pouco menor", constata a professora Suzane Strehlau, do Centro Universitário FEI.

Perfil do consumidor

O que explica essa diferença entre os mercados – além, é claro, do fato da crise estar sendo menos intensa por aqui – é o perfil do consumidor de luxo brasileiro, segundo Ismael Rocha, professor de marketing de luxo da Escola Superior de Propaganda e Marketing (ESPM).

Rocha explica que, no Brasil, a grande massa consumidora do luxo e que está movimentando este comércio são os que começaram a fazer parte desse segmento há pouco tempo. "São os que estão entrando para o mercado de luxo, onde a grife, a marca, funciona como uma senha de entrada. Para as pessoas desse grupo, perder aquilo que já conquistaram é um impacto muito negativo", diz.

Já entre europeus e americanos, o consumo de luxo faz parte do que o professor chama de "processo histórico". "Ele compra porque faz parte da cultura de consumo dele. Então ele trocou dois Rolex por ano por um Rolex por ano, foi um impacto maior." Ou seja, sem deixar esse mercado, seu consumo pode ter caído à metade.

Fator emocional

Segundo os especialistas ouvidos pelo G1, o fator emocional também contribui para que as vendas do setor de luxo se mantenham em alta durante um período de crise. "Existe muito uma questão de indulgência. As pessoas se controlam em muitas compras, muitos itens, e acaba sacrificando [sic] a parte emocional. E elas [...] se dão presentes que podem se materializar em um produto de uma marca de luxo", diz Suzane.

"Acho que, numa hora de crise, se você for gastar dinheiro, quer gastar numa coisa sólida, de qualidade, com bom reconhecimento, e que é atemporal", diz Patrícia, da Tiffany. "A gente nunca sai de moda, não vai ser considerado um gasto fútil, o que faz com que as pessoas não necessariamente deixem de comprar", afirma.

É exatamente esse "fator emocional" que, segundo os especialistas, "descreve" o que é o luxo. "Não há uma definição do que é luxo, não é uma indústria regulamentada. O que se trabalha são produtos e serviços que alcançam patamares altos, produtos que são consumidos por tomada de decisão emocional, que evocam sensações de poder, de *status*", explica Ferreirinha.

"O luxo tem algumas características que são muito tênues, mas marcantes: ele é para poucos, são produtos direcionados para um grupo restrito de pessoas. Ele, em função dessas características, se torna objeto do desejo. E ele só é objeto do desejo porque é reconhecido pela comunidade", diz Ismael Rocha.

"Existem poucas maneiras que as pessoas demonstram a sua condição social: ser descendente da rainha da Inglaterra, ter um grande cargo, ou através do consumo", diz a professora Suzane Strehlau.

Rocha explica, no entanto, que a classificação do que é luxo pode mesmo variar dentro dos diferentes grupos: para um grupo de pessoas de menor poder aquisitivo, uma mala de viagem de uma determinada operadora de turismo pode ser esse símbolo do luxo, diz. "O produto passa a ter um valor porque é reconhecido pelas pessoas que estão em volta", aponta.

Fonte: Naime, 2009.

Vamos analisar a situação?

O segmento de luxo no mundo e no Brasil movimenta, em média, US$ 2 bilhões por ano, com tendência de crescimento de 35% ao ano, de acordo com números do *Atlas da exclusão social no Brasil*, da Editora Cortez (Campos et al., 2004). Por esse motivo, muitos estudos voltados para o setor são realizados. Lipovetsky e Roux (2005) afirmam que **as pessoas que buscam o luxo desejam comprar emoções, e não os produtos em si.** Como podemos explicar essa afirmação dos autores? E, ainda, onde você encontra, na reportagem transcrita, pontos para a contextualização de tal afirmativa? Nesse contexto, o que podemos observar é que, de acordo com determinados autores, a compra de artigos de luxo tem para o consumidor um sentido de delimitação de espaços, marcação de *status*. E é exatamente sobre isso que trata o texto, ao afirmar que o consumo no mercado de luxo, além de não ter sofrido com a crise, é uma forma de ser reconhecido pelas pessoas e funciona como demarcador de *status*.

Síntese

As organizações desejam entender o comportamento de seus consumidores para aumentar as suas vendas. Mas, para entendê-lo, vimos que é preciso mais do que simplesmente identificá-los. **Precisamos entender de psicologia, economia e demografia.** Ou seja: não é uma tarefa fácil.

Percebemos, nesse contexto, que valor não é apenas o preço a ser pago. Existem outros fatores que levam o consumidor a atribuir valores a produtos e serviços. Nunca tivemos tamanha quantidade de opções de compra como na atualidade. Produtos iguais, com preços muito parecidos e mesmos atributos fazem com que o consumidor busque por aquele que agregar mais benefícios.

Mas conhecer ao máximo os nossos clientes – seus gostos e hábitos de compra – e manter históricos de compra nos ajudam a entender e estar atentos às suas necessidades e tendências de consumo. Esse é o primeiro grande passo!

Questões para revisão

1. Muitos grupos influenciam o comportamento de compra do consumidor. Alguns são grupos primários – como família, amigos, vizinhos e colegas de trabalho –, com os quais o indivíduo interage de forma contínua. Mas ele também é influenciado por grupos aos quais não pertence. São os chamados *grupos de aspiração*. Pesquise o tema na bibliografia indicada e apresente um breve resumo sobre esse conceito.

2. Com base no capítulo estudado, explique o que é a criação de valor para o cliente.

3. Iniciamos este livro afirmando que, para fazer frente às pressões do mercado e aos altos índices de competitividade, as empresas passam a buscar constante inovação. Mas, para tanto, as organizações devem conhecer profundamente o consumidor de seus produtos ou serviços, a fim de entender suas necessidades e desenvolver diferenciais que criem verdadeiro valor ao cliente. Mas você sabe o que é inovação? Pesquise sobre o tema e responda.

4. Assinale a alternativa correta. *Marketing* é:
   a. criar na empresa a visão focada no cliente.
   b. orientar a empresa para o mercado.
   c. manter a empresa informada sobre as mudanças em seus ambientes competitivos.
   d. Todas as alternativas anteriores.

5. Agrupar os clientes com base em características homogêneas é possível através de qual destes fatores?
   a. Posicionamento.
   b. Segmentação de mercado.
   c. Inovação.
   d. Diferenciação.

6. Sobre o processo de tomada de decisão, podemos dizer que:
   a. na decisão, o consumidor busca informações sobre o que não conhece.
   b. os atributos do produto não são importantes para a decisão do consumidor.
   c. no pós-compra, o cliente avalia o produto e voltará a comprar caso fique satisfeito.
   d. quando o consumidor avalia alternativas para escolher um produto, não se remete à memória.

capítulo 3
o processo de decisão de compra

Conteúdos do capítulo

» Etapas do processo de decisão de compra.

» Tipos de decisão.

Após o estudo deste capítulo, você será capaz de:

1. reconhecer as fases que se constituem como processo de decisão de compra;
2. definir as atividades do consumidor em cada uma das etapas do processo de decisão de compra;
3. identificar as implicações mercadológicas dos tipos de decisão de compra.

Os consumidores e o processo de decisão de compra

Em um processo de decisão de compra, Engel, Blackwell e Miniard (2000) definem cinco papéis assumidos pelos consumidores, com implicações diretas na determinação de estratégias de comunicação. São eles: **iniciador, influenciador, decisor, comprador e usuário.**

Os papéis a que acabamos de nos referir provavelmente tenham sido, muitas vezes, exercidos por você! Apresentamos, a seguir, uma breve descrição de cada um deles, para que você possa situar-se.

» **Iniciador** – indivíduo que sugere a compra e reúne as informações que ajudarão na decisão.

» **Influenciador** – o indivíduo que influencia a decisão.

» **Decisor** – o indivíduo que decide **se, o que, como e onde** deve comprar.

» **Comprador** – o indivíduo que efetua a compra.

» **Usuário** – o indivíduo que usa ou consome o produto.

Essas são ações que conhecemos e identificamos claramente em nosso dia a dia. Assim, quando entendemos como se dá o processo de decisão de compra, podemos correlacioná-lo aos tipos de decisão, que são abordagens necessárias para elaborarmos um planejamento e uma estratégia de *marketing*. Durante todo esse processo, que mostramos a seguir na Figura 3, o decisor é influenciado por diferentes fatores, como você pôde ver no capítulo anterior, e passa por uma sequência de estágios, conhecida como *processo de decisão do consumidor*.

Figura 3 – Processo de decisão de compra

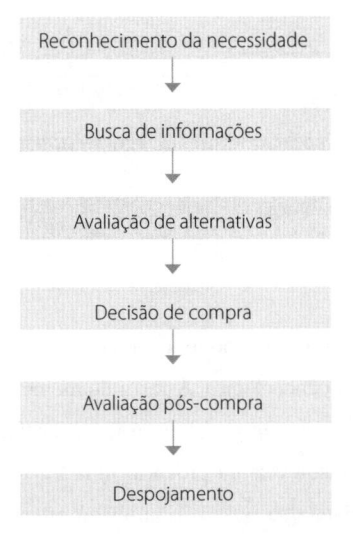

Reconhecimento da necessidade
↓
Busca de informações
↓
Avaliação de alternativas
↓
Decisão de compra
↓
Avaliação pós-compra
↓
Despojamento

Fonte: Adaptado de Engel; Blackwell; Miniard, 2000.

Todas essas situações constituem etapas de um conjunto de procedimentos a que chamamos de *processo de decisão de compra* e que são instrumentos relevantes para o trabalho do Departamento de *Marketing* das empresas. Para termos melhor compreensão, é possível agregar as fases da figura anterior em três momentos distintos: a etapa de **pré-compra**, a de **compra** e a de **pós-compra**, como fez a professora Claudia Seabra (2002):

Figura 4 — Etapas de decisão

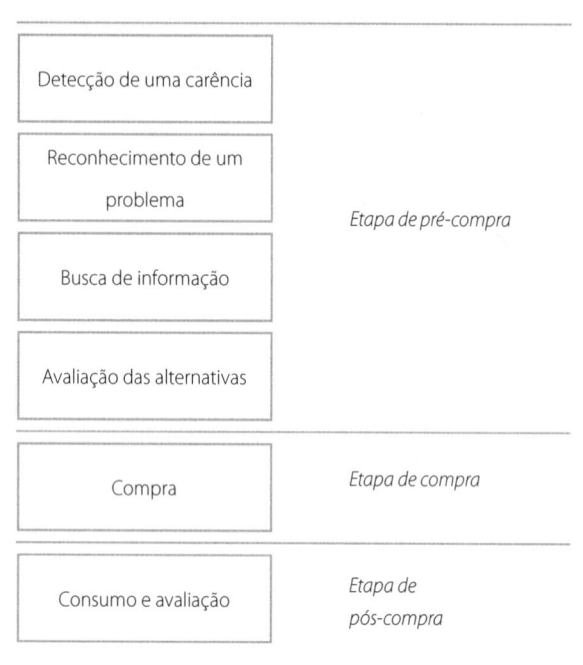

Detecção de uma carência	
Reconhecimento de um problema	*Etapa de pré-compra*
Busca de informação	
Avaliação das alternativas	
Compra	*Etapa de compra*
Consumo e avaliação	*Etapa de pós-compra*

Fonte: Seabra, C., 2002.

Nesse processo, como você pôde acompanhar no escalonamento da Figura 4, existe uma sequência lógica. A partir do momento em que o sujeito (consumidor) **identifica uma necessidade**, esta se transforma em uma **ideia de compra**, a qual, por sua vez, irá provocar uma **busca por informações**, concomitante às **análises das possibilidades ou alternativas**, como detalharemos neste estudo, até que tenhamos a **compra propriamente dita** e a sua posterior **avaliação**.

Fase do reconhecimento da necessidade ou do problema

A fase de reconhecimento da necessidade impulsiona o indivíduo ao desejo de compra. Conforme afirma Kotler (2000), ele não sai à procura do que comprar sem antes constatar uma necessidade ou carência. É por isso que a empresa normalmente estuda o que motiva o consumidor a comprar determinado produto.

É nessa etapa que há o confronto entre o estado desejado e o estado real. Ou seja: surge a insatisfação oriunda da carência (estado real) de concretização de uma aspiração (estado ideal). Para Engel, Blackwell e Miniard (2000, p. 96), "o reconhecimento da necessidade ocorre quando o indivíduo sente a diferença entre o que ele percebe ser o ideal e o estado atual das coisas".

Assim, você pode observar que o reconhecimento do problema é o início de um movimento em direção ao processo de decisão pela compra. Podemos detectar a exploração desse fator em campanhas mercadológicas. Para isso, comece a analisar as propagandas. Veja quantas delas são organizadas dessa forma, ou seja: introduzem um apelo ao consumidor, de modo a gerar uma necessidade.

> Como exemplo, usamos uma propaganda da Caixa Econômica Federal. Mas você poderá constatar esse tipo de apelo em campanhas de outras empresas.

Você já observou uma propaganda da **Caixa Econômica Federal** (2010), em que uma das filhas da família Amorim aponta para uma cozinha bastante atrativa e diz "O crédito Caixa fica tão bem na sua casa quanto uma cozinha nova"?

Agora, perguntamos: afinal, a Caixa Econômica é uma fábrica ou uma revenda de cozinhas?

Nem uma coisa, nem outra. Na verdade, o apelo busca despertar uma necessidade: a de uma cozinha nova. Isso, ao mesmo tempo em que oferece uma alternativa para o problema criado, pois na sequência aponta para o produto que a empresa quer, de fato, vender: "Crédito Caixa. As melhores taxas para o que você precisar".

Para Engel, Blackwell e Miniard (2000, p. 96), "o reconhecimento da necessidade ocorre quando o indivíduo sente a diferença entre o que ele percebe ser o ideal e o estado atual das coisas".

No entanto, se você analisar atentamente as duas falas presentes no discurso, irá descobrir que o produto da venda já está enunciado na abertura da primeira fala, enquanto ela aponta para a cozinha: "Crédito Caixa fica tão bem...".

Perguntas e respostas
Por que "família Amorim"?

A família Amorim é um caso interessante para você pesquisar, caso não tenha acompanhado o processo mercadológico de introdução dessa personagem plural (família) no contexto do consumidor brasileiro. Você pode conversar com seus amigos, colegas e familiares ou, então, acessar vários *sites*, entre eles: <http://www.mmonline.com.br/noticias.mm?url=Familia_Amorim_protagoniza_campanha_da_Caixa>, onde, entre outras informações, encontramos as seguintes:

> *o quadro "Manda Quem Pode, Obedece Quem Tem Juízo", do Fantástico, da Rede Globo, revelou uma rotina que não é novidade para a maioria das famílias brasileiras: renda insuficiente para o casal, duas filhas, uma sobrinha e dois cachorros – que ganharam a companhia de um terceiro durante as quatro semanas em que a história esteve no ar. [...] os Amorim saltaram do subúrbio carioca para o rol das celebridades instantâneas produzidas pela televisão. Voltaram ao Fantástico no primeiro programa de fevereiro, dessa vez ao vivo, para falar de suas experiências. E, agora, viraram garotos-propaganda da Caixa Econômica Federal. (Lemos, 2009).*

O nível de empenho pessoal para encontrar a solução de um problema, de acordo com Seabra (2002), está diretamente relacionado a dois fatores básicos, inerentes à necessidade reconhecida: o grau de diferença entre os estados desejado e real e o valor relativo do problema.

Busca de informações

O consumidor busca informações a respeito do que irá comprar. Essa busca, *a priori*, passa por duas fases: uma interna, baseada na memória, e outra externa, tendo como referências colegas, familiares, revistas, jornais, TV, vendedores, folhetos, cartazes etc.

Na busca interna, o consumidor irá identificar as várias marcas de produtos existentes que poderiam satisfazer suas necessidades a partir dos dados constantemente armazenados em sua memória. Podemos entender, assim, a importância de a empresa ser conhecida no mercado, quando o indivíduo apresenta interesse por um produto ou desejo de comprar para satisfazer a sua necessidade.

Na busca externa, explica Kotler (2000, p. 201) que "a pessoa embarca em uma busca ativa de informações: procurando literatura a respeito, telefonando para amigos e visitando lojas para saber mais sobre o produto". Ou seja: ao coletar informações, ela acaba por tomar conhecimento de marcas concorrentes e seus atributos.

As informações que facilitam esse processo, de acordo com Churchill Junior e Peter (2003), provêm de várias fontes, que podem ser chamadas de *internas, grupos, marketing, públicas* e *experimentação*.

Mas onde se localizam e como se caracterizam essas fontes de informação? Para Churchill Junior e Peter (2003), elas se apresentam da seguinte maneira:

» **Fontes internas** – são as informações armazenadas na memória do indivíduo. Se um consumidor satisfez uma necessidade semelhante no passado, ele buscará em suas lembranças as informações de como fez isso. Para compras rotineiras, as fontes internas podem ser as únicas utilizadas pelo consumidor.

» **Grupos** – ao buscar informações, os consumidores podem consultar outras pessoas de seu convívio, como amigos e familiares. Essas fontes de informações possuem muita força na moldagem das decisões de compra, por possuírem alta confiabilidade e credibilidade

» **Fontes de *marketing*** – referem-se às ações de *marketing*. Embalagens, propagandas, conversas com vendedores e amostras de produtos também são fortes canais de comunicação de informação sobre produtos e serviços.

> **Fontes públicas** – são informações oriundas de revistas e jornais, contando com alto grau de confiabilidade. Entretanto, o consumidor deve despender algum esforço para obtê-las.

> **Fontes de experimentação** – nos pontos de venda, o consumidor pode testar, degustar ou experimentar os produtos.

Você se lembra de alguma situação em que tenha recorrido a tais fontes de informação? Comece a observar o seu cotidiano. É uma forma objetiva de constatar como ocorrem os processos de consumo e de decisão sobre aquilo que consumimos.

Avaliação de alternativas

A fase de avaliação de alternativas com base nas informações obtidas corresponde ao período em que o consumidor compara as marcas para decidir a compra. Gade (1998, p. 245) explica que esse estágio é de grande e fundamental interesse para o profissional. Afinal, toda empresa almeja que o seu produto seja o escolhido dentre os concorrentes.

Logo, é fácil concluirmos o quanto é importante que cada empresa motive o cliente a comprar e busque permanecer mais tempo na memória dele, como vimos anteriormente no exemplo da propaganda do crédito da Caixa Econômica.

Na fase de avaliação de alternativas, para Gade (1998), surgem fatores básicos como o conhecimento armazenado pelo consumidor no plano da memória e o nível de motivação. Esse estágio envolve a decisão sobre quais recursos ou características são importantes e a identificação do que cada alternativa oferece.

O **nível motivacional**, como afirma Gade (1998, p. 245), "direciona preferências para aquelas marcas, produtos e benefícios que são percebidos como indicadores de trazer maior satisfação". O aprendizado e o conhecimento, por sua vez, "direcionam avaliação por meio de padrões de comparação", ainda segundo Gade (1998, p. 245).

O consumidor tem um modo único e consciente de escolher um produto. Ele busca satisfazer a sua necessidade de uma forma racional, tentando saná-la e priorizando os benefícios que vai ter em adquirir aquele produto. Por isso a relevância de as empresas direcionarem e promoverem os atributos da marca. Kotler (2000, p. 23) afirma que "o consumidor desenvolve uma série de crenças de marca baseado em como cada marca se posiciona em relação a cada atributo. O conjunto de crenças relativo a uma marca compõe a imagem da marca".

Toda empresa almeja que o seu produto seja o escolhido dentre os concorrentes.

Aliás, o fator marca é enfatizado por Andrade. Para tratar da questão, esse autor cita Peter Fisk:

> Os clientes estão procurando marcas (e empresas, produtos e as pessoas representadas por eles) em que possam confiar e se apegar, em um mundo em rápida mudança, confuso e intimidador. No entanto, essa confiança deve ser conquistada por meio de algo que vá muito além de um banco de dados ou de um programa de CRM [sigla em inglês para gestão do relacionamento com o cliente] voltado para as vendas. (Fisk, citado por Andrade, 2009, p. 17)

O consumidor tem um modo único e consciente de escolher um produto.

Portanto, como você pode perceber, o fator marca abrange aspectos mais complexos do que o simples modismo e está relacionado ao comportamento do consumidor no que concerne ao estudo de alternativas para a decisão de compra.

Decisão de compra

No processo decisório, na busca por informações, temos os aspectos **quantitativo e qualitativo**. O consumidor já tomou preferência por uma marca ou produto que, acredita, trará maior benefício em relação a outros. E, após a compra, vai experimentar o produto comprado.

O comprador decide-se pela aquisição de um produto e também sobre quando, onde e como vai pagar. Segundo Seabra (2002), "um consumidor quando opta pela compra de um produto está a enfrentar múltiplas decisões: marca, modelo, preço, local de compra, volume de compra, forma de pagamento".

> Nesse momento, um dos fatores de substancial importância constitui-se no **ponto de venda**, cujos atributos podem ser englobados em três categorias: **imagem do estabelecimento, publicidade e localização**.
>
> Uma vez dentro da loja, há **outras influências** sobre o consumidor que podem alterar a opção por determinada marca ou produto. Entre essas influências, podemos citar a organização do ambiente, a forma de exposição dos produtos, os preços, a equipe de vendas e a qualidade dos produtos, entre outras. Todas essas particularidades são de estudo e aplicabilidade constante no *marketing*.
>
> Interagem com as condições do ponto de venda características que são de pertença do consumidor, como a orientação de compra e o risco percebido.

Tipos de decisões

Você deve atentar para o fato de que em um processo da magnitude da **ação de decidir** são inúmeras as variáveis objetivas e subjetivas, as quais merecem um estudo aprofundado de várias ciências. Ao nosso estudo, cabe levantar os indicadores básicos desse processo, para que você tenha uma visão geral sobre o assunto. E, no momento em que você decide por determinada compra, tal decisão pode ser classificada como:

- » de baixa implicação;
- » de média implicação;
- » de alta implicação.

O que isso significa?

De acordo com Seabra (2002), esses tipos de decisão, cada qual com suas características, são relativos tanto aos motivos que levam o consumidor a uma determinada opção quanto aos processos de avaliação pós-compra.

As decisões de baixa implicação correspondem "a situações de compra habitual, de escassa importância econômica, e que não apresentam grandes complicações nem requerem processos mentais complexos", conforme esclarece Seabra (2002).

A mesma autora ainda acrescenta que as decisões de compra desse tipo "reduzem-se à solução do problema de eleição da marca"(2002). Consequentemente, os principais aspectos que o *marketing* deve trabalhar nesse caso são a lealdade à marca e a repetição da compra.

Quando se tratar de um tipo de decisão de média ou de alta implicação, teremos todas as etapas de um processo decisório, e a busca por informações, com certeza, será acentuada.

Para saber mais

Para aprofundar seus estudos sobre a temática deste terceiro capítulo, sugerimos que você leia na íntegra o material da professora Claudia Seabra, intitulado *O processo de decisão de compra*. O arquivo está disponível para leitura e *download* no site: <http://www.estv.ipv.pt/PaginasPessoais/cseabra/comportamento-consumidor_TUR.htm#1>.
No texto, a autora faz uma correlação bastante objetiva entre os processos decisórios e as atividades de *marketing*.

Avaliação pós-compra

Se você for responsável pelo processo mercadológico de alguma empresa, precisa lembrar que ela deve avaliar o grau de satisfação do consumidor e identificar oportunidades de melhoria. Em conformidade com esse entendimento, Kotler (2000) afirma que é preciso monitorar a satisfação, as ações e a utilização do produto, depois de efetuada a compra. O referido autor (Kotler, 2000, p. 205) ainda afirma:

> Se o desempenho não alcançar totalmente as expectativas, o cliente fica desapontado; se alcançar as expectativas, ele fica satisfeito e, se exceder às expectativas, ele fica encantado. Esses sentimentos definem se o cliente voltará a comprar o produto e se ele falará favorável ou desfavoravelmente sobre ele para outras pessoas.

Os **consumidores** formam expectativas baseadas nas mensagens recebidas pelas fontes de informação. A importância da satisfação pós-compra está no fato de esse aspecto garantir que o consumidor voltará a comprar o mesmo produto ou escolher a mesma marca.

Com a alta concorrência no mercado, as empresas precisam estar atentas às falhas e às oportunidades. Na etapa de pós-compra, o **consumidor avalia o resultado da compra**. Se a avaliação for positiva, ele poderá desenvolver a fidelidade à marca e passará a influenciar positivamente outras pessoas de seu meio.

Características do consumidor do futuro

Além de todos os fatores vistos anteriormente, não podemos deixar de considerar o advento da **internet**, que trouxe ao mercado mudanças no comportamento do consumidor.

De acordo com Lemos (2000), as principais características do consumidor do futuro são:

- » **Individualidade e solidão** – as pessoas passam mais tempo em casa e sozinhas.
- » **Diversidade cultural** – não há mais espaço para segregações.
- » **Menor lealdade** – o consumidor tem cada vez mais liberdade de escolha.
- » **Independência relativa** – a geração mais jovem continua sob a proteção dos pais.
- » **Tecnoliteratas** – geração instruída pelo computador.

Percebemos que o envolvimento do consumidor no processo de compra vai desde a intenção até a decisão de compra, e que as percepções – tanto as negativas quanto as positivas – do consumidor ou de outros indivíduos podem interferir nas fases desse percurso. Isso ocorre porque a motivação sofre interferências dessas percepções e pode variar em qualquer um dos estágios.

Na etapa de pós-compra, o consumidor avalia o resultado da compra. Se a avaliação for positiva, ele poderá desenvolver a fidelidade à marca e passará a influenciar positivamente outras pessoas de seu meio.

Estudo de caso

Habib's

A rede Habib's foi inaugurada em 1988 e a estratégia de negócio escolhida foi a *"low fare, low cost"*: baixo preço e alta qualidade. A rede investe fortemente em comunicação e posicionamento em preço baixo, além de apostar na inovação contínua, oferecendo produtos e serviços como o "Alô Tia Eda" – Serviço de Relacionamento com o Cliente e um exclusivo serviço de entregas, chamado *Delivery 28 Minutos*, além da diversidade do cardápio. Para o sucesso, a empresa aposta em uma forte gestão dos custos e na padronização.

A estratégia de comunicação do Habib's, fortemente voltada para a televisão e para os pontos de venda, busca alinhar a expectativa do consumidor ao serviço que ele encontrará em qualquer uma das lojas da rede. Seu diferencial está no atendimento pessoal em substituição ao *self-service*. No ponto de venda, o cliente já é recebido na porta por recepcionistas, que o cumprimentam e o conduzem à mesa, onde recebe o cardápio. O ambiente também é estratégico: limpeza e comunicação por todo o local, exibindo as promoções; funcionários uniformizados e tempo curto de preparo do cardápio.

São três os tipos de consumidores do Habib's: executivos, famílias e crianças, e a garantia da satisfação está relacionada ao tipo de atendimento encontrado. O executivo busca a agilidade; a família, segurança, cardápio, preços de acordo com o poder aquisitivo; as crianças, brindes infantis.

Vamos analisar a situação?

Em segmentos onde os produtos têm baixa diferenciação como o da rede Habib's, fica muito difícil para as empresas do setor diferenciarem-se. Além disso, o Habib's ainda enfrenta concorrentes que vão desde outros *fast-foods* até um simples restaurante por quilo. Sua estratégia de "preço baixo e boa qualidade" gera uma vantagem competitiva sustentada pelo profundo conhecimento sobre os seus consumidores. **Você concorda com essa afirmativa?**

Observamos que o conhecimento do consumidor permitiu ao Habib's descobrir que havia um espaço a ocupar com a produção de comida árabe para pessoas de baixo poder aquisitivo, e também para, executivos em busca de agilidade e qualidade.

Síntese

Considerações sobre as razões que geram a necessidade e o desejo foram vistas nos capítulos anteriores. Neste, o objetivo foi **detectar os mecanismos de decisão** por uma determinada compra que irá satisfazer as carências. Os tipos de decisões – baixa, média e alta implicação – e suas interligações com as etapas de pré-compra, compra e pós-compra são aspectos que o *marketing* de uma empresa analisa com muita atenção. Tais fatores trazem implicações para as decisões de compras presentes e futuras de um determinado produto ou serviço.

Questões para revisão

1. Quais são os cinco passos do processo de decisão de compra? E qual a sua sequência lógica?
2. O que ocorre na etapa de pré-compra?
3. Assinale a alternativa correta.
   a. O envolvimento do consumidor no processo de compra vai desde a intenção até a decisão de compra. Nessa trajetória, a motivação sofre interferências das percepções positivas e negativas e pode variar em qualquer um dos estágios.
   b. O envolvimento do consumidor no processo de compra vai desde a busca por informação interna até a decisão de compra. Nessa trajetória, a motivação sofre interferências das percepções positivas e negativas e pode variar em qualquer um dos estágios.
   c. O envolvimento do consumidor no processo de compra não é detectado na etapa de pré-compra, ele só ocorre no momento da compra. Nesse momento, a motivação sofre interferências das percepções positivas e negativas e pode variar em qualquer um dos estágios.

d. O envolvimento do consumidor no processo de compra não é detectado na fase de pós-compra, ele ocorre nas fases de pré-compra e de compra. Nessas etapas, a motivação sofre interferências das percepções positivas e negativas e pode variar em qualquer um dos estágios.

4. Assinale as opções corretas:
   a. Nossas compras habituais geralmente podem ser classificadas como de baixa implicação.
   b. Localizamos na fase de pós-compra o consumo e a avaliação da decisão.
   c. As ações denominadas de *busca de informação, avaliação* e *decisão* sempre ocorrem em ambientes ou espaços físicos distintos.
   d. Há dois momentos de avaliação: o de avaliações de alternativas, antes de decidir a compra, e o de avaliação da decisão, que ocorre no pós-compra.

5. Assinale a opção correta. São fatores básicos da fase de avaliação das alternativas:
   a. o reconhecimento e a tomada de decisão.
   b. o reconhecimento das necessidades e a busca por informações.
   c. a identificação da carência e o tratamento das informações.
   d. o conhecimento armazenado na memória e o nível motivacional.

capítulo 4
o comportamento de compra organizacional

Conteúdos do capítulo

» Características do processo de compras no mercado empresarial.
» A figura do comprador no ambiente organizacional.
» Os modelos do processo de compras organizacionais.

Após o estudo deste capítulo, você será capaz de:

1. estabelecer as diferenças entre compras de organizações e compras individuais;
2. identificar as influências presentes no processo de decisão de compras no mercado empresarial;
3. compreender os critérios utilizados nos procedimentos de compras no cenário organizacional;
4. avaliar as variáveis do processo decisório das compras no ambiente organizacional;
5. traçar o perfil do comprador profissional.

O mercado empresarial, nas palavras de Kotler (1998), é formado pelas organizações que produzem bens e serviços que podem ser alugados, vendidos ou fornecidos a terceiros, como indústrias, revendedores, comércio, serviços, instituições públicas etc. Para entendê-lo, é preciso conhecer o comportamento de compra organizacional, que é muito diferente da compra realizada por consumidores.

Esse mercado possui características que o diferenciam: são compradores em menor número, de maior porte e de relacionamento mais estreito com os fornecedores. Kotler (2000) explica que o mercado empresarial se caracteriza ainda pela concentração geográfica e por diferentes tipos de demanda. Aqui o comprador é um profissional que segue as exigências da empresa.

Na escolha dos fornecedores, os consumidores organizacionais são sensíveis à agregação de valor. Logo, é necessário conhecer exatamente o que significa **valor** para tais consumidores, a fim de entendê-los.

Quadro 6 – Comparação entre as compras de empresas e as individuais

Característica	Compras individuais	Compras organizacionais
Especialização dos papéis do cliente	Combinadas ou ligeiramente especializadas	Moderadamente ou até altamente especializadas
Formalização do processo de compras	Informal	Ligeiramente formal (pequenas empresas) até formal (grandes empresas)
Responsabilidade por decisões	Geralmente não é medida em termos formais	Mensurações rigorosas
Capacidades internas	Fracas	Variam de fracas (pequenas empresas) até muito fortes (grandes empresas)
Complexidade das exigências	Pequena complexidade	Complexidade operacional e estratégica

Fonte: Sheth; Mittal; Newman, 2001, p. 572.

Na escolha dos fornecedores, os consumidores organizacionais são sensíveis à agregação de valor. Logo, é necessário conhecer exatamente o que significa valor para tais consumidores, a fim de entendê-los.

O processo de compra organizacional apresenta uma série de diferenças em relação ao das compras realizadas no mercado de consumo. O quadro a seguir traz um resumo dessas diferenças em seis dimensões: produto, preço, promoção, distribuição, relações com o cliente e decisão de compra.

Quadro 7 – Diferenças entre a compra individual e a organizacional

Dimensões	Mercado organizacional	Mercado consumidor
Produto	Técnico; volumes elevados; ênfase nos serviços.	Padronizado; pequenas quantidades; enfoque menos técnico.
Preço	Concorrência na oferta (propostas); listas de preços para produtos padronizados.	Listas de preços definidas pelos fabricantes.
Promoção	Informações de pessoal de vendas e revistas especializadas.	Ênfase na propaganda.
Distribuição	Canais curtos; relações diretas com os fabricantes.	Maior número de membros nos canais.
Relações com o cliente	Complexas; ênfase no relacionamento de longo prazo.	Simples; transações específicas.
Decisão de compra	Processo estruturado; envolvimento de várias pessoas da organização.	Processo desestruturado; envolvimento de poucas pessoas.

Fonte: Mowen, 1995, p. 677.

Apesar dessas diferenças, os compradores, nos dois processos, passam pelos mesmos estágios: reconhecem problemas, buscam informações, avaliam as alternativas e o resultado da compra. Ocorre, porém, que, ao contrário do consumo individual, a compra organizacional se configura como um processo complexo e nunca isolado. Normalmente, a parte compradora é um centro de compras formado por um conjunto de pessoas que participam da tomada de decisão e que partilham seus riscos.

Várias características que encontramos presentes no ambiente do *marketing* organizacional foram enumeradas por Kotler (1998). E, conforme o tipo de negócio, elas se combinam com maior ou menor intensidade. Essas características foram categorizadas como: poucos compradores; grandes compradores; relacionamento estreito entre fornecedor e comprador; compradores centrados geograficamente; demanda derivada; demanda inelástica; demanda flutuante; compra profissional; influências nas compras.

- **Poucos compradores** – no mercado empresarial, o número de compradores é muito menor do que no mercado de consumo.
- **Grandes compradores** – há uma grande concentração do volume de negócios no mercado empresarial.
- **Relacionamento estreito entre fornecedor e comprador** – devido ao menor número de clientes existentes entre as indústrias, os fornecedores podem personalizar a oferta, pois conhecem mais profundamente a sua clientela.
- **Compradores concentrados geograficamente** – normalmente, as empresas que consomem determinados produtos estão concentradas em uma mesma região geográfica.
- **Demanda derivada** – demanda dos bens de consumo que estão associados ao produto principal, como as embalagens. Você já observou que, quando compra um litro de leite em caixinha, está também consumindo a embalagem da Tetrapak? Portanto, houve uma grande venda dessas embalagens para a empresa envasadora do leite.
- **Demanda inelástica** – a demanda por alguns produtos não é muito sensível às mudanças de preços, pois são bens de primeira necessidade, essenciais à subsistência, como a água ou a energia elétrica.
- **Demanda flutuante** – a demanda por alguns produtos pode flutuar, tornar-se volátil, conforme eventos de mercado. As hortaliças são um bom exemplo. Você já comparou os preços da alface ou do tomate em épocas diversas do ano?
- **Compra profissional** – os compradores de uma empresa costumam ser treinados e especializados.
- **Influências nas compras** – muitas pessoas e departamentos de uma empresa influenciam na decisão de compra. Em geral, quem solicita a compra de um produto ou serviço não é o próprio comprador, mas o departamento responsável pelas compras, que adquire o produto para

o usuário. Essa prática pode alterar algumas exigências. Por exemplo: uma determinada especificação pode ser deixada de lado quando um produto supera o outro em preço.

> **Ao contrário do consumo individual, a compra organizacional se configura como um processo complexo e nunca isolado.**

Esse é o cenário dos fatores agregados necessariamente ao processo de compra, quando desenvolvido em nível profissional. E é considerando tal contexto que o vendedor da mercadoria deve atuar. Para serem bem-sucedidos nesse tipo de transação comercial, os ofertantes devem possuir muitas informações sobre o possível comprador organizacional. Novamente iremos recorrer a Kotler (1998) para classificá-las:

- » Critérios adotados pelo comprador para selecionar uma alternativa.
- » Quanto o cliente está disposto a pagar mais por um produto.
- » Análise de valor.
- » Exigências em relação à qualidade.
- » Produto ampliado.
- » Medidas de desempenho exigidas, como pontualidade na entrega e formas de pagamento.
- » Existência de um centro de compras formal.
- » Características das pessoas envolvidas no processo de compra.
- » Formas de relacionamento e de posturas.
- » Traços culturais.

Por ser menor o número de compradores organizacionais e por haver uma tendência de eles se concentrarem em uma mesma região geográfica, é normal o estabelecimento de relacionamentos estreitos entre fornecedores e clientes. O objetivo é atender às necessidades da empresa compradora mediante um esforço continuado de customização.

Normalmente, a compra é realizada por profissionais treinados e que seguem os trâmites estabelecidos pelas empresas em que atuam. Kotler (2000) aponta a existência de três modalidades em relação à natureza da compra, conforme veremos a seguir: recompra simples, recompra modificada e nova tarefa.

» **Recompra simples** – a compra é realizada de forma rotineira e os produtos são adquiridos de fornecedores pré-aprovados, a quem cabe manter a qualidade e oferecer automação nos pedidos, facilitando novas recompras. O esforço para especificar o produto a ser comprado e o investimento no processo é mínimo: a empresa simplesmente refaz o pedido a um de seus fornecedores preestabelecidos. Desse modo, novos contatos devem oferecer diferenciais ou explorar a insatisfação do comprador com relação aos habituais provedores.
» **Recompra modificada** – o comprador decide modificar as especificações e as condições de compra, o que caracteriza uma oportunidade para identificar fornecedores alternativos e uma ameaça para os já estabelecidos e que tentam proteger a conta ou carteira de vendas.
» **Nova tarefa** – situações surgem pela primeira vez e demandam que o comprador adquira um produto que não havia comprado antes. Essa situação exige a participação de mais agentes e a realização de muitas buscas de informações, fazendo o processo ser mais demorado do que nos outros casos.

Normalmente, a compra é realizada por profissionais treinados e que seguem os trâmites estabelecidos pelas empresas em que atuam.

Os resultados de pesquisas referentes à natureza da compra, apresentados por Silveira (2000), revelam que:

> » as decisões individuais são predominantes quanto à seleção de fornecedores em recompras modificadas;
> » a lealdade a atuais fornecedores é mais comum em decisões individuais;
> » em grandes organizações, as decisões em grupo são mais comuns do que as individuais.

Para saber mais

No processo de compra organizacional, você estabelece uma negociação. Por isso, é interessante dominar técnicas próprias da área. Uma leitura indicada para ampliar seus conhecimentos, pela sua especificidade e forma objetiva de tratar o assunto, é o livro *Negociando para o sucesso*, de autoria do professor Sérgio Gutierrez da Costa, publicado em 2008 pela Editora Ibpex.

Participantes do processo de compra empresarial

As pessoas que realizam as compras organizacionais também sofrem influências de fatores psicológicos, sociais e culturais, entre outros. O comportamento do consumidor organizacional, de acordo com Silveira (2000), passa por um processo semelhante ao do comportamento do consumidor final, mas os atributos avaliados e as necessidades em cada caso diferem entre si. Durante o processo de compra, segundo Kotler (2000, p. 219), os membros de uma empresa podem exercer os papéis de iniciadores, usuários, influenciadores, decisores, aprovadores, compradores e de barreiras internas. Vejamos como se caracterizam essas funções:

» **Iniciadores** – são os usuários ou outros membros da empresa que solicitam a compra de um produto.

» **Usuários** – são aqueles que utilizarão o produto ou serviço. Normalmente iniciam a proposta de compra, ajudando na definição das exigências que devem ser atendidas pelo produto.

» **Influenciadores** – são pessoas que influenciam a decisão de compra, ajudando frequentemente a definir especificações e fornecendo informações sobre outras opções disponíveis.

» **Decisores** – são aqueles que estipulam as exigências a serem atendidas pelo produto ou serviço.

» **Aprovadores** – são os responsáveis pela autorização das ações propostas por decisores ou compradores.

» **Compradores** – são as pessoas com autoridade formal para selecionar o fornecedor e estabelecer os termos da compra. Podem ajudar na formulação das especificações do produto, mas sua maior responsabilidade está no desempenho daquelas duas tarefas. Em vendas mais complexas, os compradores podem incluir a participação da alta gerência nas negociações.

» **Barreiras internas** – são os indivíduos que têm o poder de evitar que vendedores entrem em contato com usuários ou decisores.

Perguntas e respostas

Falamos em *compradores profissionais*, depois em *negociadores*. Afinal, em que contexto se insere o profissional de negociação?

Como você pode observar na explicação dada por Costa (2008, p. 23),

> é essencial percebermos que o profissional de negociação não trabalha só em situações de compra e venda, mas também em outras, em que desempenha o papel de

> *mediador, facilitador, intermediador e consultor. Portanto, além da habilidade de persuasão, tem que desenvolver outras, tais como a capacidade de observação, empatia, objetividade, planejamento e assertividade.*

Aspectos determinantes na ação dos compradores organizacionais

Os compradores organizacionais, conforme Kotler (2000), agem de acordo com muitas influências ao tomarem suas decisões. Quando as ofertas dos fornecedores são parecidas, eles podem passar a dar mais valor ao tratamento pessoal que recebem. Quando, por outro lado, há uma variação substancial entre as ofertas, aumentam as suas responsabilidades pelas escolhas e os fatores econômicos recebem maior atenção.

A compra organizacional é resultado de uma série de decisões tomadas durante todo o processo. Diferentes pessoas estão envolvidas e sofrem as influências de diversas variáveis. Silveira (2000) identifica quatro grandes grupos de influências que precisam ser observadas pelos fornecedores. São os grupos das variáveis ambientais, organizacionais, individuais e interpessoais.

> » **Variáveis ambientais** – são as variáveis externas à organização, consideradas incontroláveis. De difícil monitoramento e controle, são as variáveis econômicas, políticas, tecnológicas, legais e culturais. Kotler (2000) inclui nesta definição fatores como nível de demanda, perfil econômico, taxa de juros, taxa de mudança tecnológica, desenvolvimento da política de regulamentação, desenvolvimento da concorrência e preocupações com a responsabilidade social.
> » **Variáveis organizacionais** – Sheth, Mittal e Newman (2001) destacam o tamanho da empresa (quanto maior a empresa, mais formal será o processo), a estrutura (número de pessoas envolvidas), os recursos de compras (econômicos e de pessoal envolvido) e a orientação de compras (importância atribuída à compra). Esses elementos definem as políticas e os procedimentos existentes a serem adotados no processo de compra organizacional.

» **Variáveis interpessoais** – são os interesses, os níveis de autoridade e as personalidades das diferentes pessoas participantes do processo. Kotler (2000) acrescenta fatores como *status*, empatia e poder de persuasão.

» **Variáveis individuais** – são fatores que afetam significativamente a forma como o indivíduo desempenha a sua função no processo de compras. Entram nessa classificação a personalidade, a idade, a renda, a instrução, o cargo, as atitudes diante do risco e a cultura.

Existem algumas peculiaridades no processo de compra organizacional relacionadas, principalmente, ao maior grau de estruturação e de formalização. Há vários modelos que tentam explicar o comportamento do comprador organizacional. Aqui vamos apresentar apenas os mais recentes.

A compra organizacional é resultado de uma série de decisões tomadas durante todo o processo.

O modelo de Sheth, Mittal e Newman

Podemos considerar que há dois estágios neste modelo. Primeiramente, o centro de compras, dentro da estrutura, é influenciado pelos fatores organizacionais, pela natureza da compra e pelas fontes de informação que ajudam na busca do fornecedor. No estágio seguinte – o processo decisório –, a decisão de compra fica sob a influência do centro de compras.

Embora seja recente e mais completo, esse modelo não inclui as relações entre o centro de compras e o ambiente (Sheth; Mittal; Newman, 2001).

O modelo de Churchill Junior e Peter

A primeira fase desse modelo ocorre quando há o reconhecimento da necessidade e os usuários descrevem os atributos que o produto deve possuir na hora da compra.

Nesse processo, conforme Churchill Junior e Peter (2003), ocorrem três etapas:

> » Identificação das características e das quantidades necessárias.
> » Definição dos parâmetros da compra e das especificações técnicas.
> » Designação dos responsáveis pela compra, de acordo com a necessidade.

O passo seguinte é, então, o processo de busca de informações com os fornecedores potenciais ou outras fontes externas à empresa. Aqui entram em cena as estratégias de comunicação dos fornecedores, que devem trabalhar fortemente a sua força de vendas – o elo entre a empresa e o cliente.

Perguntas e respostas
O que significa a força de vendas?
O estudo do comportamento da compra organizacional serve de base para as ações estratégicas. Nesse contexto, o relacionamento durante toda a cadeia produtiva só trará competitividade à empresa se esta entender a importância da segmentação de mercado e definir seu posicionamento perante o seu consumidor a partir do conhecimento que tem sobre esse elemento.
A força de vendas, ou venda pessoal, é um dos integrantes do composto da comunicação integrada de *marketing* e se caracteriza pela interpessoalidade. Nesse procedimento, o conceito a ser trabalhado é o de que uma empresa deve vender soluções, e o valor agregado deve ser percebido pelo cliente durante a utilização do produto.

Nessa segunda etapa, os vendedores precisam dedicar-se ao intuito de:

> » conhecer as necessidades de seus clientes;
> » customizar a oferta;
> » utilizar argumentos adequados durante a venda.

Esse segundo passo, com o uso da estratégia de força de vendas, constitui uma tarefa difícil. Como vimos, o processo de compra organizacional envolve várias pessoas, que desempenham diferentes papéis.

No que se refere ao **vendedor organizacional**, segundo os criadores do modelo, Churchill Junior e Peter (2003), este deve ser capaz de identificar quais pessoas, na empresa cliente, cumprem os papéis que estão em ação durante uma negociação de decisão de compra, como vimos no início desta abordagem. Feita a identificação, o vendedor organizacional deve saber como influenciar tais pessoas favoravelmente.

Por outro lado, se observarmos o processo com o foco no **comprador organizacional**, perceberemos que ele precisa analisar e avaliar as propostas formais dos fornecedores. Feita a escolha, a compra é realizada. E, durante a utilização do produto, serão avaliados os seus atributos.

> **O processo de compra organizacional envolve várias pessoas, que desempenham diferentes papéis.**

Nesse contexto, normalmente são aspectos referentes à qualidade, à rapidez na entrega e aos serviços agregados que levam a empresa a definir se voltará a comprar do mesmo fornecedor.

Figura 5 – O processo de compra organizacional

| Reconhecimento de uma necessidade ou problema | → | Atribuição de responsabilidades pela tomada de decisão de compra | → | Identificação das alternativas | → | Avaliação e seleção de uma alternativa | → | Realização da compra | → | Avaliação do desempenho do produto e do fornecedor |

Fonte: Churchill Junior; Peter, 2003, p. 186.

Como você pode concluir, ao fazer a leitura da Figura 5, o processo de compra organizacional, assim como o processo do consumidor final, também tem início com o reconhecimento de uma necessidade.

O estudo do comportamento da compra organizacional serve de base para as ações estratégicas. Nesse contexto, o relacionamento durante toda a cadeia produtiva só trará competitividade à empresa se esta entender a importância da segmentação de mercado e definir seu posicionamento perante o seu consumidor a partir do conhecimento que tem sobre este elemento.

Estudo de caso

Os mercados organizacionais são formados por todas as empresas que compram produtos ou serviços para utilizá-los na produção de outros produtos ou serviços. O *marketing* em mercados organizacionais recebe diversas nomenclaturas, como *B2B – Business-to-Business* – e *marketing* industrial. Esse *marketing* contempla as relações entre os participantes da cadeia de produção, que desempenham papéis como o de compradores industriais. Essas relações se dão por meio de profissionais responsáveis pelos orçamentos das empresas e tendem a estabelecer parcerias comerciais entre fornecedores e clientes. Dá-se o nome de *setor* ou *centro de compras* à unidade de tomada de decisão de uma organização compradora. Em relação aos tipos de compras, um exemplo é a compra de computadores para setores pela empresa X, onde o comprador analisou os seguintes atributos:

» **Fornecedor** – reputação, flexibilidade, preço e atendimento, entre outros.
» **Qualidade do serviço** – confiabilidade, agilidade, tempo de entrega e formas de pagamento, entre outros.
» **Produto** – ergonomia, assistência técnica, qualidade, memória RAM, processador, número de portas USB e gravador de DVD/RW, entre outros.

Discussão

O caso apresentado nos leva a alguns questionamentos:

» Primeiramente, **qual o tipo de compra de que trata?** Como você pode conferir, não é a simples, nem a modificada, tampouco a rotineira. Trata-se especificamente da **compra nova**.

» Segundo aspecto: o processo de compra organizacional possui algumas fases e uma delas é a **busca de informações com os fornecedores potenciais**. Isso lembra qual aspecto do processo? O texto nos mostra que o comprador procurava por algumas características específicas, o que faz com que os vendedores devam utilizar **argumentos adequados** durante a venda.

» O terceiro aspecto apontado é que o mercado empresarial apresenta tipos de compra diferentes da realizada por consumidores e possui características que o diferenciam: são compradores em número menor, de maior porte e de relacionamento mais estreito com os fornecedores. Assim, na escolha dos fornecedores, os consumidores organizacionais são sensíveis a quais fatores? Como vimos anteriormente, são altamente sensíveis à **agregação de valor**.

» O quarto aspecto que observamos é o fato de que compradores, tanto individuais como organizacionais, passam pelos mesmos estágios: reconhecem problemas, buscam informações, avaliam as alternativas e o resultado da compra. Porém, a compra organizacional tem uma grande diferença em relação à individual. **Qual é essa diferença?** Podemos dizer que a **compra organizacional se configura como um processo complexo e nunca isolado**, no qual um conjunto de pessoas participa da tomada de decisão e partilha seus riscos.

» Como último aspecto que relacionamos com o texto do nosso estudo de caso, está o **ambiente de compra organizacional**. Também chamado de *centro de compras*, é formado pelas pessoas que participam do processo de decisão exercendo diferentes papéis durante esse processo. Vamos lembrar **quais são** e **como ocorrem** esses papéis?

   » **Iniciadores** – são os usuários que solicitam a compra de um produto.
   » **Usuários** – são aqueles que utilizarão o produto ou serviço.
   » **Influenciadores** – são pessoas que influenciam a decisão de compra.

» **Decisores** – estipulam as exigências a serem atendidas pelo produto ou serviço.
» **Aprovadores** – são os responsáveis pela autorização das ações propostas por decisores ou compradores.
» **Compradores** – são as pessoas com autoridade formal para selecionar o fornecedor e estabelecer os termos da compra.
» **Barreiras internas** – indivíduos com o poder de evitar que vendedores entrem em contato com usuários ou decisores.

Síntese

As transformações das últimas décadas também atingiram os compradores organizacionais. De uma função inicial de redução de custos, o setor de compras passou a assumir um papel muito importante na estratégia empresarial, principalmente no que se refere ao relacionamento com os fornecedores da empresa, que estabelece a necessidade de compra de um produto ou serviço acusada por um iniciado. Este, que será o usuário do produto ou serviço solicitado, comunica a sua necessidade aos responsáveis pela compra, que passam a buscar alternativas de fornecedores. Todos os indivíduos envolvidos no processo permanecem em constante interação e todas as possibilidades são avaliadas de acordo com as exigências organizacionais. Essa atividade abrange preferências, tanto individuais quanto coletivas. A aceitação ou não do fornecedor se relaciona com as características do produto e os requisitos da empresa, como limites de preço, confiabilidade, análise de *payback* e histórico de fornecimentos anteriores. Após a efetivação da compra, o produto ou serviço passa a ser analisado, e é seu desempenho que ditará a resolução por comprar ou não novamente daquele fornecedor.

Questões para revisão

1. Qual aspecto fundamental o vendedor precisa compreender para atender de forma satisfatória às indústrias, às revendedoras, ao comércio, às empresas de serviços e às instituições públicas, entre outras organizações?

O termo *payback* refere-se ao período de tempo necessário para que o retorno financeiro em um investimento "pague" o montante investido originalmente. Por exemplo: um investimento de 10 mil reais que dê um retorno de 5 mil reais por ano possui um período de retorno do pagamento (*payback*) de dois anos. Em resumo, é o tempo que um determinado investimento leva para pagar a si próprio.

2. O que caracteriza a decisão pela compra de determinado fornecedor em uma negociação organizacional?

3. Marque as alternativas que correspondem a características presentes nas compras organizacionais:
   a. A responsabilidade por decisões provoca mensurações rigorosas.
   b. Há uma alta complexidade operacional e estratégica no processo.
   c. O processo de compra é informal.
   d. O cliente – comprador – normalmente é especializado na atividade.

4. Considerando as diferenças entre compra organizacional e compra individual, assinale V, quando a alternativa for verdadeira, e F, quando a alternativa for falsa.

   ( ) Em relação ao **produto**, no mercado consumidor individual, a ênfase está na quantidade elevada de volumes.

   ( ) No quesito **preço**, o mercado organizacional adota listas de valores para produtos padronizados.

   ( ) Informações transmitidas pelo pessoal de vendas e por revistas especializadas caracterizam as **promoções**, que visam o consumidor individual.

   ( ) As **relações complexas** com o cliente caracterizam as negociações no nível empresarial.

5. Os ofertantes, em uma venda organizacional, devem possuir muitas informações sobre o possível comprador. Qual das informações a seguir **não** é essencial?
   a. Os critérios adotados pelo comprador para selecionar uma alternativa.
   b. As exigências do comprador em relação à qualidade.
   c. Os compradores organizacionais tiveram a função inicial de redução de custos.
   d. Medidas de desempenho exigidas, como pontualidade na entrega e formas de pagamento.

capítulo 5
o consumidor internacional

Conteúdos do capítulo

» Fatores fundamentais para o sucesso de uma empresa no mercado internacional.
» Comportamento do consumidor no mercado internacional.
» As questões socioambientais e o consumidor internacional.

Após o estudo deste capítulo, você será capaz de:

1. conhecer os aspectos necessários para a adaptação ao mercado internacional;
2. identificar as possíveis particularidades do mercado de uma determinada região do planeta;
3. avaliar a importância da concepção de responsabilidade socioambiental para o consumidor-alvo.

Muitas organizações enxergam a globalização dos mercados como uma oportunidade de negócios. Um dos primeiros passos para a internacionalização de uma empresa está em procurar conhecer como se comportam esses mercados.

Sobre o *marketing* internacional, Andrade (2009, p. 44, grifo do original) afirma ser essa uma área que "compreende atividades de produção e serviços. Sua característica particular é a necessidade de **adaptação aos diversos mercados** (globalização das atividades da empresa) em que irá atuar". Portanto, considerando a questão de globalização e adaptação, um fator que não podemos deixar de observar são as ideologias e as políticas relativas ao ideário do desenvolvimento sustentável, ou seja: que preveem ações de integração entre o fator econômico e o socioambiental.

O consumidor internacional e as estratégias de *marketing*

Quando uma empresa ingressa no mercado internacional, deve observar um ponto de extrema importância para o sucesso da implantação: o ambiente de *marketing* internacional. Com efeito, um dos erros mais comuns na hora de exportar é não considerar as diferenças culturais.

> **Um dos erros mais comuns na hora de exportar é não considerar as diferenças culturais.**

Ao analisar o cenário internacional dos mercados, Keegan e Green (2003, p. 5) afirmam que

> Os países e os povos do mundo diferem uns dos outros, e essas diferenças significam que uma técnica de marketing bem-sucedida em um país não irá automaticamente funcionar em outro. As preferências dos consumidores, os concorrentes, os canais de distribuição e os meios de comunicação podem diferir, e é tarefa importante no marketing global aprender a reconhecer a que ponto os planos e programas de marketing podem ser entendidos no mundo inteiro, bem como até que ponto eles têm que ser adaptados.

As estratégias de *marketing* precisam entender o consumidor do país-alvo, principalmente na descrição das subculturas, que devem estar fundamentadas nos seguintes aspectos:

- As **características** do mercado-alvo.
- A **compreensão** das diferentes culturas e práticas comerciais.
- A **avaliação** do posicionamento da empresa no mercado.
- Os **atributos** do produto.
- A **especificidade** do ambiente.
- O **estilo** organizacional.

Diante de tal cenário, é necessário abordarmos os principais fatores que devem ser analisados na identificação do mercado em que a empresa pretende atuar. Ou seja: onde ela pretende vender ou comprar seus produtos e serviços.

Aspectos importantes do cenário internacional de mercado

Neste estudo, iremos recorrer à visão de Mowen e Minor (2003), autores que categorizaram, entre os elementos preponderantes para o processo, o conhecimento de aspectos relacionados com linguagem e tradução, valores, política, tecnologia, etnocentrismo, organização social, educação, religião, etiqueta, símbolos e, inclusive, com a concepção de tempo de uma determinada região.

Mas por que realizar esse estudo? Não seria um dispêndio exagerado de tempo e dinheiro? Afinal, Coca-Cola é Coca-Cola, sandálias Havaianas são sandálias Havaianas em qualquer parte do mundo. Ou não?

Apresentaremos uma abordagem sobre todos os aspectos listados pelos autores a que nos referimos anteriormente, e, assim, você terá a oportunidade de formar a sua própria opinião.

1) **Linguagem e tradução** – o estudo do comportamento do consumidor internacional analisa e observa fatores como as línguas escrita e falada, o pluralismo linguístico do país ou da região, os meios de comunicação utilizados pelo mercado-alvo e a exigência de um código comum.

A linguagem é um veículo de comunicação, expressão e manifestação cultural de um povo. Por isso, quando alguém deseja investigar uma cultura ou um grupo social, deve estudar a sua linguagem. Línguas nacionais e dialetos são um grande obstáculo a ser enfrentado pelas empresas que buscam a internacionalização de seus produtos. As línguas dos países não se apresentam de maneira uniforme em todo o território e essas variações expressam a diversidade cultural existente em cada país.

Existem também os dialetos, que se caracterizam por variações de pronúncia, vocabulário e gramática em uma determinada língua. Tais variações podem ser decorrentes de diferenças etárias, de sexo e estilísticas. Elas podem, ainda, estar relacionadas às transformações na sociedade. Outra questão a ser considerada diz respeito às gírias usadas por jovens, as quais refletem o dinamismo por que passa a sociedade moderna e o abandono das tradições. Os africanos, por exemplo, em geral são bilíngues. Para termos uma ideia, existem mais de mil línguas na África, todas mutuamente ininteligíveis. Porém, além da própria língua, a população fala também o idioma dos primeiros administradores coloniais europeus. Em decorrência de tal herança ligada à linguagem, a cultura comercial é fortemente influenciada pela Europa, e os produtos franceses, britânicos e germânicos, conforme a região, são bastante apreciados.

A linguagem é um veículo de comunicação, expressão e manifestação cultural de um povo. Por isso, quando alguém deseja investigar uma cultura ou um grupo social, deve estudar a sua linguagem.

2) **Valores** – é importante para a implantação de uma marca em outra região conhecer quais são os valores dos consumidores no tocante a tempo, trabalho, riqueza, realização pessoal, riscos, conceitos de masculinidade e feminilidade e relação entre pais e filhos, além de outras questões, para conquistar a empatia do público consumidor. Quanto aos valores, de acordo com Hofstede (1991), as culturas internacionais são divididas em individualistas e coletivistas.

Perguntas e respostas

Qual a diferença entre uma cultura individualista e uma cultura coletivista?

A maioria dos países com renda *per capita* alta apresenta elevado grau de individualismo. Nessas culturas individualistas, o parceiro é a instituição, e não a pessoa. Logo, o progresso e a realização pessoal têm prioridade em relação a valores como lealdade ao grupo. As ligações entre os indivíduos são fracas e estes têm a inclinação para se "virarem sozinhos", pois tendem a se preocupar apenas com eles mesmos. Consequentemente, tomam decisões levando em conta suas considerações pessoais. Além disso, a identidade é determinada mais pela pessoa e menos pelo grupo. Valorizam muito o tempo livre, a liberdade na configuração do trabalho e os desafios pessoais. Nessas sociedades, ganha importância a expressão clara da opinião própria: falar abertamente o que se pensa é considerado sinal de sinceridade.

Já a maioria dos países com renda *per capita* baixa apresenta **culturas caracterizadas pelo coletivismo**. Os indivíduos, de acordo com Hofstede (1991), são integrados em grupos coesos e o interesse da coletividade prevalece sobre o do indivíduo. A identidade resulta da rede social à qual a pessoa pertence, e opiniões e decisões são predeterminadas pelos grupos sociais, cuja meta primeira é alcançar a segurança social. Dentre esses grupos, conforme exprime Barros (2003), o mais importante é a família. São cultivadas a lealdade e as estreitas relações pessoais.

3) **Regime político da região** – é necessário ter conhecimento sobre as ideologias existentes, o nacionalismo, o tipo de poder vigente, as relações de subordinação, a soberania e o regime de governo, caso queiramos ser bem-sucedidos ao ingressarmos com nossos produtos ou serviços em territórios de outras nações ou mesmo em regiões diversas de nosso próprio país. As leis precisam ser respeitadas e os hábitos do poder público também, se não quisermos entrar em conflito e correr o risco de não sermos aceitos.

Você se lembra daquele comercial na Copa de 2010 que mostra uma lata de cerveja, que, ao ser aberta, dispara uma gravação? Em uma das versões do comercial, aparecia um argentino que ao abrir a lata era chamado de "*maricón*". O resultado foi um processo. Veja a notícia publicada pela *Folha.com*, em 23 de junho de 2010.

O Ministério Público Federal em Minas recomendou à AmBev que retire do ar em 48 horas um comercial da cerveja Skol em que os argentinos são chamados de "maricón".

A recomendação foi feita após um cidadão argentino queixar-se da propaganda. Segundo o reclamante, a campanha tem conteúdo "ofensivo e discriminatório", argumento acatado pelo procurador Edmundo Dias, da Procuradoria Regional de Direitos do Cidadão, que poderá abrir ação civil pública.

"De fato, a propaganda da Skol possui duplo caráter discriminatório, tanto em relação à nacionalidade quanto por seu caráter homofóbico, já que o termo 'maricón' [...] significa maricas, homem efeminado", disse.

Fonte: Peixoto, Paulo. *Folha. com*, 2010.

4) **Tecnologia** – é preciso saber como funcionam os sistemas de comunicação, de transporte e energia, a urbanização das cidades e o desenvolvimento científico. São fatores que interagem tanto com a produção quanto com a distribuição de produtos e serviços, interferindo nos custos.

5) **Etnocentrismo** – por que precisamos observar esse fator? Sociedades etnocêntricas, que interpretam as outras a partir da perspectiva de seus próprios grupos, demonstram, muitas vezes, uma animosidade voltada àqueles que são culturalmente diferentes ou opostos, o que pode levá-las a não comprar produtos de determinados países. Os consumidores chineses, por exemplo, não consomem produtos japoneses. Logo, se quisermos distribuir um produto de origem japonesa na China, estaremos fadados ao insucesso, mesmo que este apresente o melhor preço e a melhor qualidade.

6) **Organização social** – é importante observar as estruturas de *status* e autoridade, bem como a questão da mobilidade social, que determina a passagem de um indivíduo de uma posição social para outra, alterando normas e valores. Esses são fatores envolvidos na questão de necessidades e desejos que irão determinar a decisão pela compra.

> Segundo o *Dicionário Houaiss da língua portuguesa*, os países românicos são aqueles habitados por indivíduos "de qualquer dos povos europeus descendentes dos romanos antigos ou cujas línguas derivam do latim" (Houaiss; Vilar; Franco, 2001, p. 2471).

7) Educação – os níveis de alfabetização, de educação superior, da estrutura de ensino e da rede de informações afetam diretamente o comportamento de consumo das pessoas. Além disso, precisamos considerar as diferenças culturais de uma região ou de um país para outro, e para isso é necessário conhecê-las. Nos **países românicos**, com estreito intercâmbio pessoal e grande rede de informações, estas são buscadas pessoalmente. Já em culturas como a alemã e a norte-americana, a rede de informações pessoais existente é menos desenvolvida, o que exige um grau elevado de explicitação.

8) Religião – com relação à religião, devemos analisar os sistemas filosóficos, os rituais realizados, os objetos sacros e suas simbologias. São muitas as religiões, e cada região ou país se comporta de modo diferente em relação a sua crença. Judaísmo, cristianismo, islamismo, zoroastrismo, bahaísmo, confucionismo, taoísmo, budismo maaiana, xintoísmo, hinduísmo, jainismo e siquismo são apenas algumas das várias religiões existentes no planeta.

Os judeus, por exemplo, possuem tradições religiosas e culturais em relação às vestimentas, como o uso do quipá, um pequeno chapéu em forma de circunferência, utilizado como símbolo de temor a Deus.

Há também certos animais considerados sagrados, como a vaca na Índia. Outros animais constituem-se em tabus, como o porco no judaísmo e no islamismo. O cordeiro, por sua vez, é o símbolo sagrado da páscoa judaica.

Esses são alguns exemplos envolvendo religião e cultura de diferentes povos. Portanto, caso você vá negociar em tais regiões, inevitavelmente precisa conhecer sua religião e cultura para viabilizar as relações.

9) Percepção de tempo – em culturas como as dos países nórdicos, entre eles a Alemanha e a Escandinávia, o tempo tem importância significativa. As atividades são realizadas uma de cada vez e os atrasos são considerados ofensas. Por exemplo: para eles é uma indelicadeza uma pessoa falar ao celular e realizar outra tarefa simultaneamente. O gerenciamento do tempo nessas sociedades está relacionado aos seus valores individualistas. Por isso, os indivíduos gastam seu tempo somente com aquilo que realmente julgam importante. Os latino-americanos, por sua vez, são considerados o oposto disso.

10) **Símbolos** – conhecer o significado implícito de um símbolo é de extrema necessidade para a comercialização de produtos ou serviços em nível internacional. A bandeira, o hino e a língua são os principais símbolos de um país. Semelhanças, por exemplo, entre as cores de uma marca de produto e as de uma bandeira nacional podem ser entendidas como uma afronta àquela nação.

11) **Etiqueta** – para conhecermos melhor os consumidores internacionais que pretendemos atingir, é preciso também entender seus hábitos e costumes. Destacamos, a seguir, algumas peculiaridades em relação aos países indicados no quadro a seguir.

Quadro 8 – Peculiaridades de alguns países

País	Costume
Austrália	Os australianos são pontuais e bastante informais.
China	Relógios são símbolos de azar para os idosos.
	As cores branca, azul e preta são associadas a funerais. Já o vermelho, o amarelo e o rosa são considerados como um anúncio de sorte.
	Mensagens com a cor vermelha podem significar o fim de uma amizade.
Egito	A semana, para os muçulmanos, vai de sábado a quinta. Sexta-feira é um dia sagrado.
	O jantar pode ser servido mais tarde do que o usual, às vezes após as 22 horas.
Índia	A mulher não pode conversar em público se estiver sozinha.
	Sete (7) é um número de sorte.
Japão	As pessoas nunca são chamadas pelo nome, apenas pelo sobrenome.
	Os jantares acontecem em restaurantes e duram horas.
	Presentes são embrulhados em papéis de cores leves, sem laços ou fitas, nunca em papel branco.
	Não devemos oferecer presentes que venham em número de quatro.
	Quatro (4), em japonês, tem o mesmo som da palavra morte.
Quênia	Flores são geralmente usadas para expressar condolências.
	Sete (7) é um número de azar.

(continua)

(Quadro 8 – continuação)

Rússia	As pessoas primam pela pontualidade.	
	Gostam de ser presenteadas com chocolates finos, flores, perfumes e artigos de escritório sofisticados.	
	Gostam de se vestir de maneira conservadora.	
Tailândia	A cabeça é considerada a parte mais sagrada do corpo.	
	Não se demonstra carinho em público.	
Arábia Saudita	Mulheres comem em locais separados dos homens.	
	Não se consomem bebidas alcoólicas.	
	Não se admitem fotos ou esculturas com figuras femininas.	
Iraque	Bebidas alcoólicas são consumidas durante o jantar.	
Jordânia	Ao se receber um convite para jantar, é prática recusar, delicadamente, duas vezes, antes de aceitar.	
Países árabes	Nos países árabes, há o Ramadã – o nono mês do calendário islâmico –, quando não se trabalha após o meio-dia.	
	É costume comer utilizando a mão direita.	
	Canetas-tinteiro douradas são muito apreciadas no Oriente Médio.	
Argentina	Os argentinos apreciam elogios dirigidos às suas crianças e às suas casas.	
Bolívia	É recomendável que, durante um jantar, o convidado se sirva de pequenas porções. Os bolivianos esperam que ele coma tudo o que está no prato.	
	Os presentes geralmente são abertos apenas após a partida dos convidados.	
Colômbia	Bocejar em público é extremamente indelicado.	
El Salvador	Respeita-se muito as pessoas mais velhas.	
	Presentes sofisticados são malvistos.	
México	A sesta, após o almoço, é importantíssima para os mexicanos.	
	Flores amarelas estão associadas a funerais.	
Estados Unidos	Os estadunidenses costumam oferecer gorjetas de 10% a 20%.	
	O tempo é precioso para os estadunidenses.	
	As pessoas querem ser chamadas pelo título que possuem.	
Alemanha	Pontualidade é absolutamente necessária.	
	Não é comum o alemão receber visitas em casa.	
	Lírios são usados em funerais.	

(Quadro 8 – conclusão)

Escandinávia	Pontualidade é absolutamente necessária.
	Empresários só retiram seus paletós em dias muito quentes.
Espanha	Os espanhóis não são pontuais.
	Jantam muito tarde, perto das 23 horas.
França	Os franceses são conhecidos como grandes apreciadores de literatura e arte.
Itália	Os italianos apreciam livros e bebidas finas.
	Objetos pontiagudos ou cortantes são associados à quebra de amizade.
	Crisântemos são associados a funerais.
	As cores preta e dourada não são apreciadas.
	As pessoas gostam de se vestir com artigos de qualidade.
Holanda	Os holandeses usam talheres para tudo, inclusive para pizzas e sanduíches.
Portugal	Produtos de cristal e chocolates finos são apreciados.
	Em geral, os portugueses possuem adegas próprias.
Reino Unido	Ingleses e escoceses dão muita importância ao tempo e costumam ser pontuais.
	Os irlandeses são bem mais flexíveis com a pontualidade.
	O povo irlandês se orgulha de sua cerveja.

Fonte: Adaptado de Global 21, 2001; Sebrae/MG, 2005.

Como podemos perceber, as diferenças existem. Por exemplo: embora o número sete represente "sorte" na Índia, no Quênia simboliza "azar". Você pode pensar: "são apenas detalhes". Mas não os subestime: **esses detalhes acabam por interferir em quaisquer negociações**. Imagine alguém chegar atrasado a uma reunião com empresários alemães ou ingleses?

O consumidor e a responsabilidade socioambiental

Afinal, qual a conexão entre a responsabilidade socioambiental e o comportamento do consumidor? Embora a responsabilidade socioambiental no Brasil ainda seja um assunto em fase de discussão, o crescente reconhecimento de iniciativas empresariais em áreas sociais e de preservação ou manejo dos recursos naturais é um indicador de que a prática social e ambiental tende a estar cada vez mais presente no elenco de atividades da iniciativa privada brasileira.

Para saber mais

Se analisarmos as eleições presidenciais de 2010 no Brasil, encontraremos como diferencial, elemento de inovação e ruptura das proposições dos partidos ou candidatos à presidência, as propostas ambientalistas. Sobre esse assunto, fizemos uma breve retrospectiva que você pode ampliar pesquisando em outras publicações.

Na página de Economia do portal *Exame.com* – disponível no endereço <http://exame.abril.com.br> –, se você acompanhar as chamadas jornalísticas, irá perceber não só a conexão entre o mercado consumidor e as questões ambientais, mas também as relações destas com a política, o que naturalmente é trabalhado pelo *marketing* político.

Destacamos o efeito dessas influências no processo decisório eleitoral (eleitor = consumidor):

- » Publicação de 06/10/2010 – "Questão ambiental ganha força por apoio de Marina - Analistas preveem que Dilma e Serra deverão abordar mais a questão ambiental, se quiserem correr atrás dos votos do eleitorado de Marina" (Questão..., 2010).
- » Publicação de 14/10/2010 – "PV caminha para liberar voto no 2º turno - Depois de ficar em terceiro lugar no primeiro turno com cerca de 20 milhões de votos, Marina Silva virou alvo de disputa entre Dilma e Serra" (PV caminha..., 2010).
- » Publicação de 17/10/2010 – "PV decide não apoiar candidato a presidente no 2º turno - Partido tomou a decisão em convenção em São Paulo neste domingo" (PV decide..., 2010).

Não é por acaso o fato de as reportagens das quais transcrevemos os títulos estarem em uma página de Economia. Em uma eleição, o eleitor é também um cliente/consumidor, enquanto, obviamente, o produto ou serviço é o pacote político (candidato, partido, propostas).

Para grande parte das empresas, essa consciência, conforme Queiroz (2002), advém da inserção, muitas vezes forçada, na competição global, devido à integração dos mercados e à queda das barreiras comerciais. Esse novo contexto econômico forçou as empresas, em um curto espaço de tempo, a mudarem radicalmente suas estratégias de negócios e seus padrões gerenciais para enfrentar os novos desafios e aproveitar as oportunidades decorrentes da ampliação de seus mercados potenciais e do surgimento de novos concorrentes e novas demandas da sociedade.

Um bom exemplo para ilustrar a importância da influência do fator econômico na consciência ecológica do empresariado brasileiro está expresso na capa da edição 644 da revista *Época*, publicada em 20 de setembro de 2010. Aliás, a própria capa já vem com a inscrição "Edição Verde".

Uma pesquisa realizada pelo Instituto Ethos e pelo jornal Valor Econômico em 2002 (Instituto Ethos, 2010) mostra que 31% dos consumidores brasileiros prestigiaram ou puniram uma empresa com base na sua conduta social. Entre os consumidores identificados como líderes de opinião, esses índices chegam a 50%. Já entre os entrevistados com maior nível de escolaridade, 40% revelaram o mesmo comportamento. Para 51% dos consumidores brasileiros, a ética nos negócios é um dos principais fatores para avaliar se uma empresa é boa ou ruim.

Esses números levam as empresas a repensarem suas ações. As pressões, segundo Amaral (2001), resultantes de um ambiente de negócios marcado pela intensa busca por novos padrões de desempenho, a difusão – por parte de diferentes mídias – de novas práticas empresariais no campo da interação com a sociedade, bem como a conscientização e a percepção dos consumidores, acabam por exigir que as empresas se posicionem de forma ética e responsável.

Para 51% dos consumidores brasileiros, a ética nos negócios é um dos principais fatores para avaliar se uma empresa é boa ou ruim.

Em relação à questão ambiental como relevante para os negócios, consideramos oportuno apresentar o resultado de uma pesquisa feita pela consultoria Mackinsey, publicada na revista *Época* por Aline Ribeiro (2010), em sua reportagem *Especial meio ambiente*. Esta pesquisa foi realizada com 1.576 executivos de empresas de destaque no cenário mundial, que responderam à pergunta: "**Qual é a importância da biodiversidade para o seu negócio?**". O resultado foi o seguinte:

Figura 6 – Resultado da pesquisa

Extremamente importante	Muito importante	Importante	Não sei	Sem importância
9 %	18 %	37 %	4 %	32 %

Fonte: RIBEIRO, 2010, p. 78.

Esse percentual de respostas relativas à importância ambiental (64%) reflete o valor que tal postura agrega aos produtos e serviços. Começa a surgir um novo consumidor, que passa a selecionar os produtos, privilegiando empresas que investem na responsabilidade social e na preservação ambiental.

Ele evita produtos que possam representar riscos à saúde; que prejudiquem o meio ambiente; que não possuam embalagens recicláveis ou que venham de organizações que não oferecem qualidade de vida no trabalho para seus funcionários.

As empresas exercem papel fundamental nas comunidades onde estão inseridas. Elas podem atuar, por exemplo, como responsáveis pela preservação do meio ambiente e pela definição de novos parâmetros de qualidade de vida para todas as pessoas envolvidas.

> **Começa a surgir um novo consumidor, que passa a selecionar os produtos, privilegiando empresas que investem na responsabilidade social e na preservação ambiental.**

O comportamento ético se mostra como um aspecto que contribui para o aumento da produtividade, pois, de acordo com Kotler (1998), acarreta maiores lucros e agrega valores à marca. Se o consumidor reconhece que, de fato, uma empresa desempenha ações socioambientais, ele vai preferir os produtos que esta comercializa a outros, pois acredita que assim estará colaborando com a mudança social e com a preservação da natureza.

Estudo de caso

Após as questões abordadas sobre a correlação entre o comportamento do consumidor e as empresas cujas gestões aplicam parâmetros de desenvolvimento social e ambiental, vamos ler e ponderar sobre os aspectos levantados pela notícia reproduzida a seguir, retirada do *Portal do Consumidor*, que pertence ao Ministério do Desenvolvimento, Indústria e Comércio Exterior (Consumidor..., 2006).

Consumidor ainda opta por produtos que agridem o ambiente

Ainda não existe um verdadeiro "consumidor verde", realmente disposto a pagar mais para ter produtos que não agridam o meio ambiente, de acordo com um estudo realizado para avaliar as escolhas e compensações feitas por compradores no Reino Unido.

A equipe de cientistas descobriu que as pessoas ainda se deixam seduzir por descontos, com o preço geralmente pesando contra a *performance* ambiental do produto. Além disso, os consumidores têm facilidade em aplicar valores ambientais a produtos de menor valor, como comida e roupas, mas têm dificuldades em conciliar questões como marca, eficiência no consumo de energia e o desejo de fazer a compra perto de casa, quando o produto é mais caro e complexo – uma máquina de lavar louças, por exemplo.

Considerando esse contexto, você acredita ser possível afirmar que as questões voltadas para o desenvolvimento de programas sociais e ambientais estão se tornando estratégicas para as organizações?

Ações que envolvam o desenvolvimento sustentável são indubitavelmente consequências diretas da vontade do mercado consumidor e, portanto, são estratégicas, pois as pessoas cada vez mais vêm cobrando das instituições empresariais atitudes socioambientais. Tal atitude, entretanto, não se trata de uma postura geral da população. É o que podemos perceber com a leitura da notícia reproduzida e que poderemos constatar em nosso cotidiano.

Síntese

Se quisermos participar do mercado internacional, necessariamente deveremos identificar a cultura do país escolhido, suas normas, leis e políticas, os concorrentes, as preferências do consumidor estrangeiro e as influências recebidas para adequarmos o produto, desde o visual até a sua distribuição e divulgação, ao tom local. Sob essa perspectiva, **é importante atentarmos para o fato de que a agregação de valor ao produto muitas vezes passa pela consciência social e ecológica do consumidor.** Assim, podemos dizer que tem crescido a percepção de que a responsabilidade social e ambiental é uma nova forma de gestão empresarial e um diferencial competitivo.

Questões para revisão

1. Que tipos de produtos são rejeitados pelo consumidor que possui a consciência socioambiental desperta?

2. Você também considera a biodiversidade importante para o seu possível negócio? Justifique a sua resposta, mesmo que se trate de um negócio imaginário.

3. Assinale a alternativa incorreta:
   a. Nas culturas individualistas, a realização pessoal tem prioridade em relação a valores como lealdade ao grupo.
   b. Conhecer como se comportam os mercados é irrelevante para o comércio internacional.
   c. Na Alemanha, a pontualidade é absolutamente necessária em um encontro de negócios.
   d. Em relação à tecnologia de um dado mercado onde queiramos implantar uma empresa, precisamos observar as condições referentes aos sistemas de comunicação, de transporte e de energia, a urbanização das cidades e o desenvolvimento científico.

4. Assinale a resposta correta em relação à seguinte afirmação: Quanto aos valores, podemos dizer que as culturas dos mercados internacionais são:
   a. antagônicas e equilibradas.
   b. menos desenvolvidas, exigindo um grau elevado de explicitação.
   c. um grande problema a ser enfrentado pelo consumidor.
   d. divididas em individualistas e coletivistas.

5. Considerando a oração ou a expressão que complementa a frase da primeira sequência, relacione-a com a segunda:
   Primeira sequência
   a. Sociedades etnocêntricas são aquelas que interpretam as outras a partir da perspectiva...

b. Quando alguém deseja investigar uma cultura ou um grupo social, deve estudar sua linguagem, ...
c. Afetam diretamente o comportamento de consumo das pessoas...
d. Conhecer o significado implícito dos símbolos nacionais é fundamental nas negociações que visam à comercialização de produtos ou serviços em nível internacional, ...

Segunda sequência

( ) as questões relativas à educação de um povo.

( ) de seus próprios grupos.

( ) uma vez que alguns aspectos, inclusive de embalagem, podem ser interpretados como uma afronta àquela nação.

( ) pois é um veículo de comunicação, expressão e manifestação cultural de um povo.

capítulo 6
segmentação de mercado

Conteúdos do capítulo

» Fatores determinantes para a segmentação de mercado.
» A relação entre estratégias de *marketing* e a segmentação do mercado consumidor.
» Características específicas do mercado empresarial e a sua relação com o *marketing* de atuação em mercado segmentado.

Após o estudo deste capítulo, você será capaz de:

1. identificar um mercado-alvo;
2. reconhecer variáveis que exercem influência no mercado consumidor;
3. situar estratégias de *marketing* para o mercado consumidor e para o mercado empresarial em processos de segmentação;
4. reconhecer o processo de segmentação como uma ferramenta para a potencialização da competitividade mercadológica.

A maioria das empresas possui limitações de atendimento, produção, distribuição e cobertura geográfica. Querer vender para todos é como "atirar para todos os lados". Corremos, então, o risco de não acertar nenhum dos alvos. Nesse contexto, surge a segmentação de mercado.

Um segmento reúne indivíduos com características semelhantes e pode ser criado com base em características diferentes. Cada segmento deve ser constituído por consumidores que apresentem o mínimo de diferenças quanto às características consideradas e o máximo de diferenças quando comparados aos demais segmentos.

Processo de segmentação de mercado

Como é muito difícil uma empresa atender a todo um mercado, ela deve identificar a parcela para a qual dirigirá suas ações com maior eficiência. Processo no qual ocorre a seguinte subdivisão:

> À parcela à qual dirigirá suas ações damos o nome de *segmento*.
> A um pedaço do segmento chamamos *nicho*.

A **segmentação** considera que consumidores são pessoas com necessidades e desejos diferentes, e que um produto ou serviço não agrada a todos. Essa observação resulta na exigência de conhecermos o comportamento dos consumidores.

A segmentação de mercado, de acordo com o IBGE (2000), permite:

> » **destacar** diferentes grupos de consumidores;
> » **analisar** hábitos e padrões comportamentais dos grupos;
> » **definir** o perfil socioeconômico e o potencial de consumo de cada grupo.

Kotler (1998) reconhece que a segmentação de mercado começa com a distinção de desejos e necessidades de clientes. Richers e Lima (1991) complementam essa ideia ao considerarem a segmentação como um processo que conduz o executivo na escolha entre diferentes estratégias.

Cada segmento deve ser constituído por consumidores que apresentem o mínimo de diferenças quanto às características consideradas e o máximo de diferenças quando comparados aos demais segmentos.

Nesse sentido, a segmentação de mercado é uma poderosa arma estratégica. Com ela, são definidas quais direções devem assumir as ações empresariais competitivas.

Percebemos, diante de tais características, que o objetivo é concentrar esforços de *marketing*. As empresas, para Richers e Lima (1991), utilizam-se da segmentação de mercado para obter vantagens sinérgicas, como:

- » Domínio de tecnologia – capacidade de produzir bens desejados por determinada classe de consumidores.
- » Maior proximidade com o consumidor final.
- » Oferta de produtos e serviços a preços altamente competitivos.
- » Pontos de venda adequados.
- » Existência de mídias dirigidas direta e exclusivamente ao segmento-alvo.

A segmentação de mercado leva a empresa a concentrar esforços, pressupondo uma estratégia dirigida à conquista de parcela significativa de vendas dentro de um grupo específico, de modo a aumentar a sua competitividade em relação aos concorrentes. Veremos, nos próximos tópicos, as principais variáveis a serem consideradas para segmentar mercados.

> A segmentação de mercado é o ponto crucial de qualquer planejamento de *marketing* e realizá-la é relativamente simples.

Variáveis para segmentação e mercado consumidor

A segmentação de mercado é o ponto crucial de qualquer planejamento de *marketing* e realizá-la é relativamente simples. A ideia é tentar encontrar grupos de indivíduos com características, costumes, comportamentos, gostos e preferências semelhantes e tratá-los como iguais. Conforme apresentamos a seguir, as variáveis que podem servir como base para a segmentação são geográficas, demográficas, comportamentais e psicográficas.

1. **Variáveis geográficas** – a segmentação geográfica tem como objetivo classificar o mercado por bairros, as regiões, o tamanho das cidades, os meios urbanos ou rurais e os códigos postais.
2. **Variáveis demográficas** – a segmentação demográfica busca definir o perfil geral do cliente ou consumidor potencial, levando em conta os aspectos demográficos como:

- idade – características da faixa etária;
- sexo – gênero;
- renda – rendimentos dos consumidores-alvo;
- ocupação – características das ocupações dos consumidores-alvo;
- formação educacional – características educacionais;
- religião – tipo de religião ou crença;
- raça – características étnicas;
- geração – características dos pais, filhos e avós;
- nacionalidade – país de origem;
- classe social – características relativas ao poder aquisitivo;
- tamanho da família – composição da família;
- ciclo de vida da família – geração da família.

3. **Variáveis comportamentais** – complementam as demográficas. Com base no perfil demográfico, é traçado o perfil comportamental, para que sejam identificadas características que auxiliem a escolha do mercado. Os fatores comportamentais a serem identificados podem ser:
   - ocasiões – a ocasião da compra (aniversário, Natal, compra semanal etc.);
   - benefícios – aqueles esperados em relação à aquisição do produto;
   - *status* do usuário – o significado do produto para o usuário;
   - *status* de lealdade – a propensão de fidelidade em relação ao produto;
   - aptidão de compra – a propensão à compra do produto;
   - atitude – razões de compra em relação ao produto.

4. **Variáveis psicográficas** – segmentação que também pode ser considerada complementar à demográfica e à comportamental. A partir do estabelecimento dos perfis demográfico e comportamental, é definido o perfil psicográfico do consumidor. Geralmente são as características de estilo de vida e personalidade, associadas à questão de ego ou de merecimento.

Assim, de modo resumido, você pode observar que, para os mercados organizacionais, as variáveis básicas utilizadas para a segmentação estão relacionadas ao espaço, à localização geográfica, à estrutura de compras, ao perfil pessoal do consumidor e às características da situação de compra.

Marketing e segmentação de mercado

A segmentação de mercado constitui-se em valiosa estratégia de *marketing* que contrasta com os procedimentos mercadológicos voltados para as massas. Nesse contexto, é fundamental o entendimento da relação entre a produção ou prestação de serviços e o mercado consumidor. Segundo Andrade (2009, p. 157, grifo do original), "o diagnóstico da situação envolve uma série de análises em relação a aspectos internos e externos da organização, os quais são identificados como de mercado (segmentação e público-alvo), da concorrência e da empresa".

A segmentação de mercado constitui-se em valiosa estratégia de *marketing* que contrasta com os procedimentos mercadológicos voltados para as massas.

Assim, o *marketing* orientado a atender demandas de determinado mercado-alvo, o chamado *target marketing*, estabelecido por segmentação, de acordo com Kotler e Armstrong (1993), ocorre em três estágios: segmentação de mercado-alvo; seleção do mercado-alvo e posicionamento do produto.

1. O primeiro passo é a **segmentação de mercado-alvo**, que definimos como a identificação de um grupo, ou grupos, de consumidores em potencial, com características afins, que influenciam o comportamento de consumo, facilitando a elaboração e o direcionamento de estratégias mercadológicas. Podem ser utilizadas as variáveis geográficas, demográficas, comportamentais e psicográficas para a sua identificação, como já vimos anteriormente.

A identificação de mercados-alvo é, sem dúvida, uma das maiores dificuldades dos gestores. No entanto, tal segmentação é de fundamental importância nesse processo, e seus princípios são relativamente simples:

» Um produto comum não pode atender às necessidades e aos desejos de todos os consumidores, que são extremamente numerosos e dispersos.

» Os consumidores possuem diferentes necessidades e hábitos de compra e consumo.

» Em função das duas premissas anteriores, os consumidores não podem ser tratados da mesma forma: é preciso conhecê-los.

2. Em segundo lugar, vem a **seleção do mercado-alvo**. Aqui importam fatores como:

» o tamanho e o nível de crescimento do segmento;
» os objetivos da empresa;
» os recursos disponíveis para atender ao mercado escolhido;
» a atratividade do segmento.

Especificamente no que se refere ao último item, a atratividade do segmento diminui à medida que:

» aumenta o número de concorrentes;
» aumenta a variedade de produtos substitutos;
» há poucos fornecedores.

3. No terceiro passo, encontramos o **posicionamento do produto**. Após identificar e selecionar os segmentos de atuação, a empresa deve se posicionar na mente dos consumidores. Para isso, precisa ter um diferencial para oferecer a esse segmento.

Se você pesquisar, irá observar que a visão empresarial tradicional estava preocupada com a fabricação de um produto, para depois vendê-lo. Atualmente, na visão mercadológica, as empresas devem trabalhar o *marketing* orientado para o segmento em busca de competitividade.

Perguntas e respostas

O que significa a visão mercadológica orientada para a segmentação de mercado em busca de competitividade?

» Significa primeiro buscar uma oportunidade de entrega de valor, por meio de pesquisas.

» Depois de realizada essa primeira etapa, com base em tais dados, há a segmentação e seleção do mercado-alvo para o desenvolvimento de um produto ou serviço que atenda às necessidades desse mercado específico. Esse direcionamento das atividades permite entregar maior valor agregado ao produto ou serviço. Assim, o que se pretende é a obtenção do lucro aliada à satisfação da demanda do cliente.

O fundamental ou o princípio básico da visão mercadológica daqueles que atuam por segmentação de mercado é a premissa de que as organizações devem oferecer ao consumidor valor agregado ao produto ou serviço. Quando ocorre tal postura, identificamos uma organização cujo diferencial é ser orientada para o *marketing*.

No caso de uma empresa que trabalha com produtos, podemos encontrar esse diferencial agregado:

» **ao produto** – em atributos como desempenho, *design*, durabilidade, confiabilidade, qualidade e tecnologia adotada, entre outros;
» **aos serviços** – na oferta de facilidades, na rapidez de entrega, no treinamento de funcionários e na orientação ao cliente;
» **às pessoas** – por meio de funcionários competentes, corteses, informados e comunicativos;
» **ao canal** – como cobertura e experiência;
» **à imagem** – como a personalidade da marca e a presença constante na mídia de forma positiva.

Já quando a empresa oferece um serviço, o diferencial pode estar agregado a ações como:

- facilidade para realizar pedidos;
- qualidade e rapidez na entrega;
- instalação;
- orientações ao cliente, com sistemas de informação e serviços de consultoria aos compradores;
- manutenção e reparo;
- benefícios diversos, como garantias.

Perguntas e respostas
O que significa uma organização orientada para o *marketing*?

As organizações normalmente direcionam seus processos considerando os pressupostos básicos de suas filosofias (cultura) e objetivos. É nesse contexto que encontramos uma classificação que compreende cinco categorias, ou seja: as organizações orientadas para a produção, para o produto, para as vendas, para o *marketing* e também aquelas orientadas para o ecossistema social.

No caso das organizações orientadas para o *marketing*, estas caracterizam-se, de acordo com Gioia (2006, p. 13), pelo fato de assumirem "que seu público-alvo é exigente e procura por produtos ou serviços que possuam maior valor que o concorrente".

Posicionamento

O fato é que a empresa estabelece o seu **posicionamento** e nele está o seu diferencial. Para Kotler (1998, p. 265), *posicionamento* "é o ato de desenvolver a oferta e a imagem da empresa, de maneira que ocupem uma posição competitiva distinta e significativa nas mentes dos consumidores-alvos".

Segundo Wind (1982), existem diferentes estratégias de posicionamento com o objetivo de se buscar vantagens competitivas sobre os demais concorrentes. Essas estratégias incluem os posicionamentos por:

- » **atributo** – o produto ou serviço é posicionado como líder em determinado atributo;
- » **uso** – o produto ou serviço é posicionado como melhor para certo uso ou aplicação;
- » **benefício** – o produto ou serviço é posicionado como líder em determinado benefício;
- » **usuário** – o produto ou serviço é posicionado como o melhor para determinado grupo de usuários;
- » **categoria de produto** – o produto ou serviço é posicionado como líder de determinada categoria de produtos;
- » **qualidade/preço** – o produto ou serviço é posicionado como aquele que oferece o maior valor, ou seja, a maior qualidade pelo menor preço e vice-versa.

> **Ao desenvolver uma oferta e uma comunicação adequada às expectativas do seu segmento-alvo, a empresa está se utilizando do *marketing* para se posicionar no mercado.**

A oferta de produtos e serviços deve ser percebida pelos consumidores-alvo como um pacote de valores.

Nesse contexto, a construção da imagem institucional é fundamental. Ao desenvolver uma oferta e uma comunicação adequadas às expectativas do seu segmento-alvo, a empresa está se utilizando do *marketing* para se posicionar no mercado. Para Lopes (2003, p. 45), "pode-se dizer que a construção do posicionamento de mercado equivale à vinculação dos valores de base da relação de *marketing* à imagem da empresa, sua marca e seus produtos, fixando-os na mente de seus consumidores reais ou potenciais". O autor divide o **posicionamento** em três níveis:

> » Posicionamento **de marca** ou **simbólico** – os atributos não se vinculam necessariamente ao ramo de atividade empresarial.
> » Posicionamento **de empresa** ou **negocial** – os atributos se referem ao negócio específico da empresa e a diferenciação acontece por meio de sua imagem.
> » Posicionamento **do composto de** *marketing* **ou da oferta** – como os atributos do produto ou serviço são percebidos pelo mercado-alvo.

Perguntas e respostas

Como poderíamos definir o posicionamento, no contexto das influências existentes entre o comportamento do consumidor e as organizações orientadas para o *marketing*?

Uma definição objetiva sobre o assunto é apresentada por Gioia (2006, p.124). Diz ele: "**Posicionamento**: arte de configurar a imagem da empresa e o valor oferecido do produto em cada segmento, de forma que os clientes possam entender e apreciar o que a empresa proporciona em relação à concorrência".

Nesse cenário, há um diferencial que deve estar tanto nas empresas de indústria ou comércio como nas prestadoras de serviços: a **diferenciação de pessoal**. Com uma equipe de profissionais capacitados e treinados, uma empresa pode construir uma imagem positiva e sólida. De acordo com Kotler (1998), esses funcionários teriam **seis características principais**:

> » **Competência** – a habilidade e o conhecimento necessários sobre o produto ou serviço.
> » **Cortesia** – tratar os clientes de forma polida.
> » **Credibilidade** – informações corretas para transmitir aos clientes.

- » **Confiabilidade** – tratar os clientes de maneira cuidadosa.
- » **Capacidade de resposta** – rapidez no atendimento às exigências dos clientes.
- » **Comunicação** – ouvir os clientes e expressar-se com clareza.

Em qualquer estratégia a ser adotada na busca de mercados, as organizações devem conhecer seus clientes e, então, preparar uma oferta que supere as suas expectativas (Crego e Schiffrin, citados por Kotler, 2000, p. 308). Esse processo se compõe de três etapas orientadas ao cliente:

1. A empresa define um **modelo de valor**, relacionando os fatores que podem influenciar a percepção sobre ele.
2. A empresa estabelece uma **hierarquia de valores** baseada nos quatro conceitos de produto ou serviço – básico, esperado, desejado e potencial.
3. A empresa faz a **combinação de atributos tangíveis e intangíveis**, a fim de superar o desempenho da concorrência.

De acordo com o Boston Consulting Group – BCG, citado por Rebouças (1996), são quatro os fatores em que a empresa pode buscar uma vantagem competitiva: volume, estagnação, fragmentação e especialização do mercado consumidor.

Com uma equipe de profissionais capacitados e treinados, uma empresa pode construir uma imagem positiva e sólida.

O que está implícito em tal dimensionamento do mercado consumidor? Vejamos o significado básico que foi agregado a cada uma das categorias:

» Volume – refere-se aos setores de menores custos, nos quais as empresas podem obter poucas oportunidades, mas grandes vantagens.

» Estagnação – apresenta poucas vantagens, mas é de mais fácil diferenciação.

» Fragmentação – oferece muitas oportunidades para diferenciação, mas poucas em relação às vantagens.

» Especialização – oferece muitas oportunidades de diferenciação, e todas com alto retorno.

Observamos, assim, que no processo de segmentação de mercado o consumidor escolhe o produto ou serviço que lhe trouxer maior valor agregado. No entanto, no que se refere ao posicionamento da organização, nem todos os setores de atuação apresentam as mesmas possibilidades e oportunidades de diferenciação. Logo, o posicionamento da empresa recorre necessariamente à diferenciação do *marketing* para obter vantagens competitivas.

Para saber mais

> Se você estiver interessado em ampliar seus conhecimentos sobre o comportamento do consumidor e a segmentação de mercado, uma obra bastante útil é *Comportamento do consumidor brasileiro*, de Tânia Maria Vidigal Limeira, editada pela Saraiva em 2008. A autora aprofunda a temática e faz uma imersão no comportamento do consumidor brasileiro, como enfatiza o título.

Segmentação de mercados empresariais

Os mercados empresariais também podem ser segmentados de acordo com as variáveis utilizadas na segmentação do mercado consumidor. Nesse contexto, conforme Nickels e Wood (1999), outras bases de segmentação podem ser utilizadas. Entre elas, estão as comportamentais, que incluem estruturas de poder e relacionamentos políticos.

Aliás, os mercados empresariais e os mercados consumidores possuem uma condição de congruência permanente. Isso você já dever ter percebido durante todo o estudo: há uma série de **influências comuns** entre ambos.

Você irá perceber também que o mercado empresarial é constituído não apenas de organizações, mas também de indivíduos. A sua característica básica e o que o diferencia do mercado consumidor é o fato de que tais indivíduos e organizações compram bens para consumo na produção, revenda ou redistribuição de outros produtos.

> Você pode elencar como produtos e/ou serviços do mercado empresarial, por exemplo, matérias-primas, peças, componentes manufaturados, instalações de equipamentos, suprimentos, entre outros.

No quadro a seguir, destacamos os aspectos envolvidos em cada tipo de variável em relação ao mercado empresarial.

Quadro 9 – Segmentação de mercados empresariais

Variáveis demográficas	1. Setor: segmentos a serem atendidos.	
	2. Porte da empresa: pequeno, médio ou grande.	
	3. Localização: áreas geográficas.	
Variáveis operacionais	4. Tecnologia.	
	5. *Status* de usuário.	
	6. Recursos dos clientes.	
Abordagens de compra	7. Organização de compras: centralizadas ou descentralizadas.	
	8. Estrutura de poder.	
	9. Natureza dos relacionamentos.	
	10. Políticas gerais de compras.	
	11. Critérios de compras, como qualidade e preço.	
Fatores situacionais	12. Urgência.	
	13. Aplicações.	
	14. Tamanho do pedido.	
Características pessoais	15. Similaridade entre comprador e vendedor.	
	16. Atitudes em relação a risco.	
	17. Fidelidade.	

Fonte: Adaptado de Kotler, 2000.

O mercado empresarial é constituído não apenas de organizações, mas também de indivíduos.

No ambiente do mercado organizacional, você encontra uma divisão estabelecida a partir de particularidades estruturais e de atuação. Essa divisão resulta em quatro mercados distintos: o de **empresas industriais**, o de **revendedores**, o de **órgãos do governo** e o de **instituições**, como hospitais e associações.

Entre os fatores que atuam sobre os compradores de uma organização, quais os mais importantes?

Devemos considerar, no processo de segmentação do mercado empresarial, fatores como tamanho, tipo da indústria, volume de compra e localização.

Uma vez que o mercado empresarial é constituído de empresas cujos produtos são direcionados a outras organizações ou instituições, percebemos que o fator primordial a ser atingido, quando da seleção do mercado, está no conhecimento de suas estruturas de *marketing*, da natureza e da demanda derivadas do cliente final e dos participantes do processo decisório.

E os compradores empresariais? Quais são as suas características básicas? Você já teve a oportunidade de observar a atuação de um comprador empresarial?

Compradores empresariais buscam benefícios de acordo com o estágio em que se encontram no processo de decisão de compra. Encontramos, portanto, compradores:

> » **em perspectiva** – são aqueles que querem que o fornecedor saiba dar explicações corretas e que seja confiável;
> » **novatos** – são compradores que estão iniciando um relacionamento de compras; buscam manuais com baixo grau de dificuldade e a ajuda de vendedores altamente capacitados;
> » **sofisticados** – são os que já estão estabelecidos; querem rapidez, produtos customizados e suporte técnico.

As variáveis que atuam sobre os compradores empresariais às vezes podem ser similares às que afetam os consumidores; em outras ocasiões, podem ser totalmente diversas. No entanto, a diferença fundamental entre os compradores e os consumidores, de acordo com Ragazzi (2005, p. 1), situa-se na própria natureza da operação em que estão envolvidos, pois "o comprador empresarial é geralmente muito mais técnico, orientado ao preço, treinado para o trabalho e tem mais aversão ao risco que o consumidor".

As variáveis que atuam sobre os compradores empresariais às vezes podem ser similares às que afetam os consumidores; em outras ocasiões, podem ser totalmente diversas.

Os compradores organizacionais são classificados por Kotler (2000) em quatro segmentos: **programado, por relacionamento, por transação e caçador de pechinchas**. Vamos descrever as suas características.

» **Programado** – o produto não é importante para suas operações, e a compra é rotineira. Pagam o preço integral e recebem um serviço abaixo da média. É o segmento mais rentável para o fornecedor.

» **Por relacionamento** – dá importância moderada ao produto e tem conhecimento das ofertas dos concorrentes. É o segundo grupo mais rentável para o fornecedor: solicita pequeno desconto, qualidade modesta de serviços e dá preferência ao fornecedor, desde que seu preço não esteja muito fora do mercado.

» **Por transação** – considera o produto muito importante para as suas operações; é sensível ao preço e ao serviço. Pede desconto maior e serviço acima da média, além de estar consciente das ofertas dos concorrentes e querer fechar o negócio pelo menor preço.

» **Caçador de pechinchas** – é o comprador que considera o produto muito importante para suas operações e que exige desconto e serviços melhores. Conhece fornecedores alternativos, barganha e muda de fornecedor diante da menor insatisfação. Normalmente, são empresas que compram muito, mas não são muito rentáveis.

Para saber mais

Em relação a essas atividades, se você for da área de *marketing* de uma empresa, precisará saber quem são os principais participantes, em quais decisões eles exercem influências e quais critérios de avaliação eles usam.

Você se lembra quando, no capítulo 4, recomendamos a leitura do livro *Negociando para o Sucesso*? O conhecimento dos passos e processos envolvidos em uma negociação são muito importantes para você atuar nesta área. Por isso, também recomendamos uma explanação do assunto relativo à Aula 4, Tópico 1: *Comportamento de compra: mercado empresarial*, realizada pelo professor João Eduardo Ragazzi (2005). Esse material de estudo está disponível em um *site* da Universidade de São Paulo – USP: <http://sites.ffclrp.usp.br/ccp/MBA/Gest%C3%A3o%20de%20Empresas%20 e%20Neg%C3%B3cios/Marketing%20Empresarial/T%C3%B3pico%20I/ Aula%204%20-%20Comportamento%20de%20compra%20-%20Mercado%20 empresarial.doc>.

A avaliação, seleção ou escolha dos segmentos-alvo também estão inseridas no processo do mercado empresarial e podem ser realizadas, segundo Kotler (2000), a partir de três fatores:

- atratividade do segmento;
- objetivos empresariais;
- recursos existentes.

Ao fazermos essa avaliação, devemos considerar cinco modelos:

- **Concentração** – seleção de um único segmento.
- **Especialização seletiva** – seleção de um conjunto de segmentos.
- **Especialização por produto** – oferta de um único produto a vários segmentos.
- **Especialização por mercado** – oferta de vários produtos a um grupo de clientes.
- **Cobertura total** – oferta de produto de massa.

Nesse processo de seleção, também devemos levar em consideração a estimativa de custos, a avaliação das vendas – potencial de mercado, demanda, evolução etc. – e a análise dos concorrentes.

Um fator importantíssimo, aliás, é a análise dos concorrentes. Como estes existem em grande número, as empresas devem entender que a seleção de mercado faz parte da busca pela competitividade. Ao identificarem com precisão o segmento empresarial a ser atendido, é possível agir de forma eficaz. Com a segmentação, elas podem se posicionar de maneira a oferecer diferenciais em relação aos concorrentes, customizando as ofertas.

Afinal, quais os procedimentos inerentes ao mercado empresarial? Este é um mercado que demanda estratégias de três tipos:

1. De segmentação.
2. De seleção de mercados-alvo.
3. De posicionamento.

Essas estratégias, por sua vez, requerem o conhecimento prévio e a investigação contínua dos mercados de interesse das empresas compradoras e dos seus competidores. Para isso, é importante conhecer as tendências e os fatores de influência nos negócios empresariais.

A identificação de oportunidades de negócios no mercado empresa-empresa – ou *business-to-business (B2B)* – está relacionada a uma compreensão maior dos compradores organizacionais: suas características e situações de compra.

Estudo de caso

A moda é um dos principais segmentos da economia não apenas no Brasil, mas em todo o mundo. É também um dos fatores que complementam o processo de comunicação entre as pessoas. A roupa expressa a maneira de ser de uma pessoa, fazendo com que a construção da marca seja fundamental para as empresas que querem atingir seus consumidores e se posicionar, garantindo a fidelidade destes. Uma das empresas que entende isso muito bem é a C&A, inaugurada no Brasil em 1976, no Shopping Ibirapuera, em São Paulo. Atualmente, a C&A está presente em grande parte do território nacional. É a maior anunciante do varejo de moda e utiliza uma comunicação ousada e de forte apelo.

Desde que se instalou no Brasil, a empresa posicionou-se em um segmento novo para os consumidores da época: uma loja que oferecia exclusivamente moda aos seus clientes. Com roupas e calçados em sua maioria de marcas próprias, a C&A mantém a sua identidade muito clara na cabeça de seu público-alvo até hoje.

Considerando as características da referida empresa, vamos analisar algumas situações relativas ao comportamento do consumidor e às estratégias mercadológicas.

1. A segmentação de mercado leva a empresa a concentrar esforços, pressupondo uma estratégia dirigida à conquista de parcela significativa de vendas dentro de um grupo específico, de modo a aumentar a sua competitividade em relação aos concorrentes. A C&A identificou um segmento com necessidades não atendidas e baseou suas decisões nas variáveis psicográficas.

Podemos dizer que tais características estão relacionadas com segmentação de mercado?

Sim. São as características de estilo de vida e personalidade, associadas às questões de ego ou merecimento.

2. O fundamental ou o princípio básico da visão mercadológica daqueles que atuam por segmentação de mercado é a premissa de que as organizações devem oferecer ao consumidor valor agregado ao produto ou serviço.

Nesse sentido, você já percebeu onde se situa o valor oferecido pela C&A aos seus consumidores?

Se observar as campanhas e o posicionamento da empresa no mercado, poderá identificar que esse valor está agregado ao diferencial de **produto**.

3. Uma empresa estabelece seu **posicionamento** e nele está o seu diferencial. Existem **diferentes estratégias de posicionamento** com o objetivo de buscar vantagens competitivas sobre os demais concorrentes. Mas qual seria, então, a estratégia adotada pela C&A? Podemos dizer que um aspecto determinante de sua estratégia inclui o posicionamento por atributo.

4. Com o objetivo de concentrar esforços de *marketing*, as empresas utilizam-se da segmentação de mercado para obter vantagens sinérgicas. No caso da C&A, entre as vantagens obtidas, podemos citar:
    a. a tecnológica;
    b. a de aproximação com o consumidor final;
    c. a da oferta de produtos e serviços a preços altamente competitivos;
    d. a de pontos de venda adequados;
    e. a utilização de mídias dirigidas direta e exclusivamente ao segmento-alvo.

5. Após identificar e selecionar os segmentos de atuação, a empresa deve se posicionar na mente dos consumidores. Para isso, precisa ter um diferencial para oferecer a este segmento. O diferencial da C&A está retratado em suas lojas com ambientes *fashion*, que trazem todas as "últimas tendências" da moda a preços acessíveis. E, para reforçar isso, além do sucesso do dançarino Sebastian, utilizou-se de testemunhal forte para convencer seu público, incluindo celebridades como Gisele Bündchen.

Afinal, será que faz sentido o uso de personalidades como Gisele Bündchen para levar a C&A direto ao seu *target*?

Considerando que o foco da C&A está em aliar moda a um preço justo, democratizando as tendências do mundo *fashion*, e sendo a modelo representante deste universo, você há de concordar que a escolha foi acertada.

Síntese

A organização precisa determinar a fatia de mercado em que vai atuar, concentrar esforços na identificação dos clientes e conversar com eles.

Segmentação de mercado é a divisão de um mercado em subconjuntos distintos de clientes, ou segmentos comuns. Qualquer subconjunto pode ser selecionado como um objetivo de mercado. A intenção é estabelecer um perfil comum do mercado ou dos mercados pretendidos e direcionar as ações mercadológicas. A segmentação de mercado é uma importante ferramenta, pois possibilita que a empresa adapte sua estrutura ao comportamento e às expectativas dos consumidores para atingir seus objetivos.

Questões para revisão

1. Que visão temos dos consumidores dentro da concepção de segmentação de mercado?

2. Sob a perspectiva do *marketing*, qual a razão para as empresas utilizarem o processo de segmentação do mercado consumidor?

3. Considerando a opinião de João Eduardo Ragazzi (2005) sobre tendências organizacionais na área de compras, expressa no trecho a seguir transcrito, considere a veracidade de conclusão nas alternativas subsequentes.

Toda organização possui objetivos específicos de compra, políticas, estruturas organizacionais e sistemas. Os profissionais de marketing empresarial precisam estar cientes das seguintes tendências organizacionais na área de compra: modernização dos departamentos de compras, papéis multifuncionais, compras centralizadas, compra descentralizada de itens de baixo custo, compras pela internet, contratos de longo prazo, avaliação de desempenho do processo de compra e desenvolvimento profissional dos compradores e produção enxuta.

   a. Há uma inserção contínua no que concerne a compras entre as áreas de administração de *marketing*, pesquisa de *marketing* e comportamento do consumidor.

b. As interação entre conhecimentos da psicologia, da antropologia e da sociologia explicam o comportamento do consumidor.

c. Há no processo de compras a necessidade de observarmos as variantes do processo decisório do consumidor.

d. Há também as influências ambientais sobre os consumidores, que podem ser agregadas em definições de influências situacionais, família, grupos de referência, classe social e cultura.

4. Assinale com (V) as assertivas verdadeiras e com (F) as falsas.

( ) A segmentação de mercado é o ponto crucial de qualquer planejamento de *marketing*, embora realizá-la seja complexo.

( ) As variáveis que podem orientar a segmentação são geográficas, demográficas, comportamentais e psicográficas.

( ) O chamado *target marketing*, estabelecido por segmentação, ocorre em três estágios: segmentação de mercado-alvo, seleção do mercado-alvo e posicionamento do produto.

( ) Atualmente, na visão mercadológica, as empresas devem trabalhar o *marketing* orientado para as massas, em busca de competitividade.

5. Leia as afirmações a seguir e depois assinale a alternativa incorreta.

1ª A avaliação, seleção ou escolha dos segmentos-alvo também estão inseridas no processo do mercado empresarial e podem ser realizadas apenas a partir de três fatores: atratividade do segmento, objetivos empresariais e recursos existentes.

2ª Os fatores comportamentais a serem identificados em um processo de segmentação do mercado consumidor podem ser: ocasiões; benefícios; significado do produto para o usuário; propensão de fidelidade em relação ao produto; propensão à compra do produto; razões de compra em relação ao produto.

3ª As características da faixa etária, o gênero, os rendimentos dos consumidores-alvo e as características de suas ocupações, a formação educacional, o tipo de religião ou de crenças, as características étnicas, a geração, o país de origem, as características relativas ao poder aquisitivo, a composição familiar e o ciclo de vida da família são fatores presentes na segmentação de mercado e na análise do comportamento do consumidor, assinalados como variáveis demográficas.

4ª A parcela do mercado à qual a empresa dirigirá suas ações recebe o nome de segmento.

a. As afirmativas 1, 2 e 3 estão incorretas.
b. A afirmativa 1 está incorreta e a 2 está correta.
c. As afirmativas 2 e 3 estão corretas.
d. A afirmativa 4 está correta.

para concluir

Para finalizar esta abordagem, podemos dizer, de forma conclusiva, que, para sobreviver, é preciso inovar, e para inovar é preciso conhecer o consumidor. Portanto, as empresas devem buscar sua competitividade a partir do estudo do comportamento do consumidor. Os clientes aumentam seus níveis de exigência a cada dia, devido à velocidade na transmissão das informações ou por causa das constantes mudanças culturais, entre outros fatores.

Nesse cenário, um questionamento se transformou na seta que indica a direção para os gestores empresariais: Como uma empresa pode melhorar seus produtos, agregar serviços, inovar, posicionar-se, buscar mercados e estabelecer seus objetivos estratégicos sem conhecer o seu consumidor? Oferecer uma resposta a essa pergunta é o objetivo da ciência chamada *comportamento do consumidor*. Ciência que, devido a sua importância, possui aplicações gerenciais em cinco grandes áreas relacionadas ao *marketing*, conforme podemos ver no quadro a seguir.

Quadro 10 – Comportamento do consumidor: aplicações gerenciais

Áreas do *marketing*	Aplicações
Posicionamento do produto	Tentativa de influenciar a demanda pelo desenvolvimento e pela promoção de um produto com características específicas, que o diferenciem de seus concorrentes.
Análise do ambiente	Avaliação das forças externas que agem sobre a empresa e seus clientes e que geram ameaças e oportunidades.
Pesquisa de mercado	Pesquisa feita com o consumidor, com o objetivo de fornecer informações sobre fatores que influenciam a aquisição, o consumo e a disposição de mercadorias, serviços e ideias.
Estratégia de *mix* de *marketing*	Coordenação das atividades de *marketing* que abrangem desenvolvimento, promoção, formação de preço e distribuição de produto.
Segmentação	Divisão do mercado em subconjuntos distintos de clientes com vontades e necessidades semelhantes. Cada subconjunto deverá ser atingido por um *mix* de *marketing* diferenciado.

Fonte: Adaptado de Mowen; Minor, 2003, p. 22.

Você pode perceber que as empresas devem analisar os fatores que provocam impacto direto no comportamento de seus consumidores, como a cultura, para obter informações necessárias ao processo decisório. É importante ressaltarmos que, além da cultura, as influências da família, as crenças, os valores e costumes, a idade, o sexo, a renda, a raça e o modo como atuais e potenciais clientes pensam e trabalham, bem como as influências de outros indivíduos e grupos, são elementos essenciais ao desenvolvimento das estratégias mercadológicas. Porém, identificá-los, como você pôde ver, não é tão simples quanto possa parecer.

Com a segmentação, somente aqueles que estão ligados aos seus clientes para criar novos mercados e produtos sobrevivem. Vavra (1993) e McKenna (1999) afirmam que o *marketing* de relacionamento pratica o conceito de fidelização e que, por meio de bancos de dados inteligentes, pode haver um conhecimento mais profundo das demandas, das expectativas e das necessidades dos clientes, garantindo a adequação da oferta de produtos e serviços a esses consumidores.

O primeiro passo de qualquer empresa para desenvolver o *marketing* de relacionamento é identificar sua base de clientes. Vavra (1993) adverte que mesmo as menores empresas podem fazer isso, mantendo um banco de dados e acessando informações à medida que interagem com o cliente. Depois de identificados, é preciso reconhecê-los, o que significa saber os negócios que com eles foram realizados e desenvolver um programa de contato, via *marketing* direto, 0800, SAC ou *telemarketing*.

O segundo passo é mensurar o nível de satisfação. Essa é a principal etapa, pois, além de demonstrar consideração pelo cliente, a empresa também irá coletar informações que serão valiosas para a inovação e a escolha das estratégias mais adequadas. Segundo Vavra (1993), essa mensuração não pode ser eventual e deverá avaliar elementos como desempenho do produto, imagem da empresa, valor percebido, atendimento etc.

Como terceiro passo, busca-se a manutenção do relacionamento estabelecido. Isso deve ser visto como um compromisso pela empresa, que deve ter a consciência de que o retorno do *marketing* de relacionamento acontece a longo prazo. De nada adianta iniciar um programa de relacionamento, investir em tecnologia e, depois, abandoná-lo por não trazer retornos imediatos. É preciso entender que estratégias de relacionamento beneficiam empresas e clientes: as empresas, porque auxiliam na conquista e na manutenção de clientes, por meio do conhecimento das suas verdadeiras necessidades; os clientes, porque estes obtêm um atendimento diferenciado e um produto ou serviço de qualidade, que solucionará seus problemas não apenas uma única vez, mas sempre que necessitarem. Infelizmente, a maioria das empresas ainda não percebeu isso.

referências

ABRIL.COM. *FGV*: quase 30 milhões entraram na classe média nos últimos sete anos. São Paulo, 10 set. 2010. Disponível em: <http://www.abril.com.br/noticias/economia/fgv-quase-30-milhoes-entraram-classe-media-ultimos-sete-anos-595330.shtml>. Acesso em: 14 dez. 2010.

ALEXANDRE, M. L. Dinâmica do Customer Relationship Management: uma ferramenta de fidelização de clientes. In: SEMINÁRIO DE PESQUISA DO CENTRO DE CIÊNCIAS SOCIAIS DA UNIVERSIDADE FEDERAL DO RIO GRANDE DO NORTE, 8., 2002, Natal. *Anais...* Natal, 2002. v. 1.

ALLÉRÈS, D. *Luxo... estratégias, marketing.* Rio de Janeiro: Ed. da FGV, 2000.

ALMEIDA, I. Case Fox: pesquisa como instrumento de inovação. *Revista da ESPM*, São Paulo, maio/jun. 2006. Disponível em: <http://www.gruporota.com.br/recursos/download.php?codigo=18>. Acesso em: 13 dez. 2010.

AMARAL, R. G. *Responsabilidade social, cidadania empresarial e terceiro setor.* set. 2001. Disponível em: <http://www.rh.com.br/Portal/Responsabilidade_Social/Artigo/3170/responsabilidade-social-cidadania-empresarial-e-terceiro-setor.html>. Acesso em: 13 dez. 2010.

ANDRADE, C. F. *Marketing*: O que é? Quem faz? Quais as tendências? Curitiba: Ibpex, 2009.

BARROS, B. T. *Gestão à brasileira*: uma comparação entre América Latina, Estados Unidos, Europa e Ásia. São Paulo: Atlas, 2003.

BERSON, A.; SMITH, S.; THEARLING, K. *Building data mining applications for CRM*. New York: McGraw-Hill, 2000.

BLESSA, R. *Merchandising no ponto de venda*. São Paulo: Atlas, 2003.

BOONE, L. E.; KURTZ, D. L. *Marketing contemporâneo*. Rio de Janeiro: LTC, 1998.

BRETZKE, M. *Marketing de relacionamento e competição em tempo real com CRMr Customer relationship management)*. São Paulo: Atlas, 2000.

BUNN, M. D. Key aspects of organizational buying: conceptualization and measurement. *Journal of the Academy of Marketing Science*, Newbury Park, v. 22, n. 2, 1994, p. 160-16.

CAIXA ECONÔMICA FEDERAL. Crédito Caixa. *Época*, São Paulo, n. 644, set 2010. p. 2-3. Publicidade.

CALEGARI, F. *CRM*: os benefícios para o consumidor final. Disponível em: <http://www.consumidormoderno.com.br/internas>. Acesso em: 1º maio 2006.

CAMPOS, A. et al. (Org.). *Atlas da exclusão social no Brasil*: os ricos no Brasil. 2. ed. São Paulo: Cortez, 2004. v. 3.

CASA E JARDIM. Cozinhas de estar. São Paulo: Globo, n. 668, set. 2010. COZINHAS de estar.

CHURCHILORJUNIOR, G. A.; PETER, J. P. *Marketing*: criando valor para os clientes. São Paulo: Saraiva, 2003.

COBRA, M. *Administração de marketing*. São Paulo: Atlas, 1992.

COLORMIX. Sucesso na Casa Cor e na sua casa. *Casa e Jardim*, São Paulo, set. 2010. p. 143. Publicidade.

CONSÓRCIO NACIONAL VOLKSWAGEN. Disponível em: <http://www.vw.com.br/bancovw/app/consorcio/carros/fox/fox.asp>. Acesso em: 21 mar. 2011.

CONSUMIDOR ainda opta por produtos que agridem o ambiente. *Portal do Consumidor*, 31 out. 2006. Disponível em <http://www.portaldoconsumidor.gov.br/noticia.asp?busca=sim&id=6826>. Acesso em: 27 out. 2009.

COPELAND, T.; KOLLER, T.; MURRIN, J. *Avaliação de empresas*: valuation – calculando e gerenciando o valor das empresas. 3. ed. São Paulo: Makron Books, 2000.

COSTA, S. G. *Negociando para o sucesso*. Curitiba: Ibpex, 2008.

COVA, B.; COVA, V. Tribal marketing: the tribalisation of society and its impact on the conduct of marketing. *European Journal of Marketing*, v. 36, n. 5-6, p. 595-620, 2002.

CZINKOTA, M. R. et al. *Marketing*: as melhores práticas. Porto Alegre: Bookman, 2001.

DARÉ, P. R. C.; VELOSO, A. R.; MATTAR, M. F. Os principais fatores motivadores da comunicação boca a boca nos consumidores do mercado brasileiro: um estudo aplicado aos estudantes da FEspUSP. In: ENCONTRO ESPM DE COMUNICAÇÃO E MARKETING, 1., 2005, São Paulo. *Anais*... São Paulo: SPusp, 2005.

DAY, G. S.; REIBSTEIN, D. J. (Ed.). *A dinâmica da estratégia competitiva*. Rio de Janeiro: Campus, 2001.

DE MASI, D. *O ócio criativo*. Rio de Janeiro: Sextante, 2000.

ENGEL, J. F.; BLACKWELL, R. D.; MINIARD, P. W. *Comportamento do consumidor*. Rio de Janeiro: LTC, 2000.

FINANCIAL WEB. *Brasil será quinto maior mercado consumidor em 2030*. 20 ago. 2008. Disponível em: <http://www.financialweb.com.br/noticias/index.asp?cod=50646>. Acesso em: 13 dez. 2010.

FISK,er. *O gênio do marketing*. Porto Alegre: Atemed, 200837

FURRIELA, R. B. *Educação para o consumo sustentável*. 2001. Disponível em: <http://www.inep.gov.br/download/cibec/pce/2001/47-55.pdf>. Acesso em: 13 dez. 2010.

GADE, C. *Psicologia do consumidor*. São Paulo: EPU, 1980.

_____. *Psicologia do consumidor e da propaganda*. São Paulo: EPU, 1998.

GAMEZ, M. Os bilhões da baixa renda: empresas investem na conquista de clientes de menor poder aquisitivo. *Istoé Independente*, 7 jun. 2006. Disponível em: <http://www.terra.com.br/istoe/1911/economia/1911_bilhoes_da_baixa_renda.htm>. Acesso em: 13 dez. 2010.

GASTALDELLO, A. T. *A influência de valores pessoais de executivos brasileiros e argentinos em negociações comerciais*99152 f. Dissertação (Mestrado em Administração) – Universidade Federal do Rio Grande do Sul, Porto Alegre, 1999.

GIGLIO, E. M. *O comportamento do consumidor*. São Paulo: Pioneira, 2002.

GIOIA, R. M. (Coord.). *Fundamentos de marketing*: conceitos básicos. São Paulo: Saraiva, 2006. (Coleção de Marketin, v. 1).

GLOBAL 21. *A etiqueta do mundo dos negócios*: cultura faz a diferença! 2001. Disponível em: <http://global21.com.br/guiadoexportador>. Acesso em: 13 dez. 2010.

GOLDSTEIN, M.; ALMEIDA, H. S. Crítica dos modelos integrativos de comportamento do consumidor. *Revista de Administração– Rausp)*, São Paulo, v. 35, n. 1, p. 2-4, jan./mar. 2000.

GONÇALVES, C. FGV: quase 30 milhões entraram na classe média nos últimos sete anos. **Agência Brasil**, 10 set. 2010. Disponível em: <http://agenciabrasil.ebc.com.br/web/ebc-agencia-brasil/enviorss/-/journal_content/56/19523/1039237 >. Acesso em: 13 dez. 2010.

GORDON, I. *Marketing de relacionamento*: estratégias, técnicas e tecnologias para conquistar clientes e mantê-los para sempre. São Paulo: Futura, 1998.

GORZ, J. A.; MATT, L. R. M. *CRM* – Customer Relationship Management. Disponível em: <http://www.solusoft.com.br/documentos/INFO_SISGESEMP.html>. Acesso em: 12 nov. 2006.

GREENBERG, P. *CRM(Customer Relationship Management)*: na velocidade da luz – conquista e lealdade de clientes em tempo real na internet. Rio de Janeiro: Campus, 2001.

GUMMESSON, E. *Total relationship marketing*: rethinking marketing management–: from 4ps to 0 rs. Oxford: Butterworth-Heinemann, 1999.

HOFSTEDE, G. *Cultures and organizations*: software of the mind – intercultural cooperation and its importance for survival. New York: McGraw-Hill, 1991.

HOUAISS, A.; VILLAR, M. de S.; FRANCO, F. M. de M. *Dicionário Houaiss da língua portuguesa*. Rio de Janeiro: Objetiva, 2001

HOWARD, J. A.; SHETH, J. N. *The theory of buyer behavior*. New York: John Wiley & Sons, 1969.

IBGE – Instituto Brasileiro de Geografia e Estatística. *Censo demográfico 2000*. Disponível em: <http://www.ibge.gov.br/home/presidencia/noticias/19122001censo2000.shtm> Acesso em: 13 dez. 2010.

_____. *Pesquisa Nacional por Amostra de Domicílios*: Síntese de Indicadores 2006. Disponível em: <http://www.ibge.gov.br/home/estatistica/populacao/trabalhoerendimento/pnad2006/sintesepnad2006.pdf>. Acesso em: 21 mar. 2011.

INSTITUTO AKATU. *Pesquisa n. 7– 2006*: como e por que os brasileiros praticam o consumo consciente? São Paulo, 2007. Disponível em: <http://www.empresaresponsavel.com/links/pequisa%20porque%20o%20consumidor%20torna-se%20consciente.pdf>. Acesso em: 14 dez. 2010.

INSTITUTO ETHOS. Disponível em: <http://www.ethos.org.br/_Uniethos/Documents/RESPONSABILIDADE%20SOCIAL%20CORPORATIVA%20E%20SUA%20INFLU%C3%8ANCIA%20NA%20PERCEP%C3%87%C3%83O%20E%20NA%20DECIS%C3%83O%20DE%20COMPRA%20DO%20CONSUMIDOR.pBR>. Acesso em: 13 dez. 2010.

JULIBONI, M. Renda é indicador impreciso para o Brasil, afirma consultor. *Exame.com*, 9 set. 2004. Disponível em: <http://exame.abril.com.br/marketing/noticias/renda-e-indicador-impreciso-para-o-brasil-afirma-consultor-m007395ml>. Acesso em: 17 set. 2009.

KARSAKLIAN, E. *Comportamento do consumidor*. 2. ed. São Paulo: Atlas, 2004.

KEEGAN, W. J.; GREEN, M. C. *Princípios de marketing global*. São Paulo: Saraiva, 2003.

KOTLER, P. *Administração de marketing*: a edição do novo milênio. São Paulo: Prentice-Hall, 2000.

_____. *Administração de marketing*: análise, planejamento, implementação e controle. 5. ed. São Paulo: Atlas, 1998.

KOTLER, P.; ARMSTRONG, G. *Princípios de marketing*. Rio de Janeiro: Prentice-Hall do Brasil, 1993.

LAMBIN, J. J. *Marketing estratégico*. 4. ed. Lisboa: McGraw-Hill, 2000.

LEMOS, A. Z. *Família Amorim protagoniza nova campanha da Caixa*. 20 fev. 2009. Disponível em: <http://www.mmonline.com.br/noticias.mm?url=Familia_Amorim_protagoniza_campanha_da_Caixa>. Acesso em: 15 out. 2010.

LEMOS, C. *O futuro da internet é o passado*. 2000. Disponível em: <http://www.cadulemos.com.br/artigo02.htm>. Acesso em: 13 dez. 2010.

LIMEIRA, T. M. V. *Comportamento do consumidor brasileiro*. São Paulo: Saraiva, 2008.

LIPOVETSKY, G.; ROUX, E. *O luxo eterno*: da idade do sagrado ao tempo das marcas. 2. ed. São Paulo: Companhia das Letras, 2005.

LOPES, P. E. Semiomarketing: contribuições da semiótica para o marketing. *Inesc em Revista*, Unaí, v. 1, p. 27-35, 2003.

MADRUGA, R. *Guia de implementação de marketing de relacionamento e CRM*: o que e como todas as empresas brasileiras devem fazer para conquistar, reter e encantar seus clientes. São Paulo: Atlas, 2004.

MANZO, J. M. C. *Marketing*: uma ferramenta para o desenvolvimento. Rio de Janeiro: J. Zahar, 1974.

MARSHALL, A. *Princípios de economia*: tratado introdutório. São Paulo: Abril Cultural, 1982.

MARTINS, D. *CRM é uma questão de recursos humanos*. Disponível em: <http://www.consumidormoderno.com.br/>. Acesso em: 15 fev. 2005.

MARTINS, J. *A natureza emocional da marca*: como escolher a imagem que fortalece sua marca. São Paulo: Negócio, 199.

McKENNA, R. *Marketing de relacionamento*. Rio de Janeiro: Campus; São Paulo: Publifolha, 199

MONTI, R. *Como se relacionar com o cliente*. mar. 2001. Disponível em: <http://www.jfservice.com.br/negocios/arquivo/dicas/2001/03/05-Monti/>. Acesso em: 13 dez. 2010.

MOTTA, F. G. Novas formas organizacionais e a busca pela competitividade. In: WORKSHOP REDES DE COOPERAÇÃO E GESTÃO DO CONHECIMENTO, 1., 2001, São Paulo. *Anais...* São Paulo: Pro-Epusp, 2001.

MOWEN, J. C. *Consumer behavior*. Englewood Cliffs: Prentice-Hall, 1995.

MOWEN, J. C.; MINOR, M. S. *Comportamento do consumidor*. São Paulo: Prentice-Ha19952003.

NADIR FIGUEIREDO. Há quase 100 anos na casa de milhões de brasileiros. *Casa e Jardim*, São Paulo, set. 2010. p. 4. Publicidade.

NAIME,L. Mercado de luxo supera média do varejo e prevê crescimento de 8% em 2009. *G1*, 16 ago. 2009. Disponível em: <http://g1.globo.com/Noticias/Economia_Negocios/0,,MUL1261512-9356,00.html>. Acesso em: 21 mar. 2011.

NETZ, C. Mercado de luxo do Brasil pode surpreender o mundo. *Estadão.com.br*, 5 abr. 2010. Disponível em: <http://www.estadao.com.br/estadaodehoje/20100405/not_imp533698,0.php>. Acesso em: 21 mar. 2011.

NICKELS, W. G.; WOOD, M. B. *Marketing*: relacionamento, qualidade, valor. Rio de Janeiro: LTC, 1999.

PAIXÃO, M. V. O marketing interno na mudança organizacional: um estudo de caso do Banco do Estado do P 2002. Dissertação (Mestrado em Administração e Planejamento) – Pontifícia Universidade Católica de São Paulo, São Paulo, 2002.

PALADINI, E. P. Gestão estratégica da qualidade: princípios, métodos e processos. São Paulo, Atlas, 2008.

PEIXOTO, P. Procuradoria recomenda que Ambev tire comercial do ar após queixa de argentino. Folha. com, 23 jun. 2010. Disponível em: <http://www1.folha.uol.com.br/mercado/755315-procuradoria recomenda-que-ambev-tire-comercial-do-ar-apos-queixa-de-argentino.shtml>. Acesso em: 15 out. 2010.

PEPPERS, D.; ROGERS, M. Retorno sobre clientes. São Paulo: Campus, 2006.

POCHMANN, M.; AMORIM, R. (Org.). Atlas da exclusão social no Brasil. São Paulo: Cortez, 2003. v. 1.

PORTER, M. Clusters e competitividade. HSM Management, São Paulo, v. 3, n. 15, jul./ago. 1999.

_____. Vantagem competitiva: criando e sustentando um desempenho superior. Rio de Janeiro: Campus, 1992.

PORTILHO, F. Consumo verde, consumo sustentável e a ambientalização dos consumidores. Disponível em: <http://www.uff.br/lacta/publicacoes/artigoFatima-Portilho.doc>. Acesso em: 14 dez. 2010.

PRAHALAD, C. K. A riqueza na base da pirâmide: erradicando a pobreza com o lucro. São Paulo: Bookman, 2010

PV caminha para liberar voto no 2º turno. Exame. com, 14 out. 2010. Disponível em: <http://portalexame.abril.com.br/economia/eleicoes-2010/noticias/pv-caminha-liberar-voto-2o-turno-604003.html>. Acesso em: 14 dez. 2010.

PV decide não apoiar candidato a presidente no 2º turno. Exame.com, 17 out. 2010. Disponível em: <http://portalexame.abril.com.br/economia/eleicoes-2010/noticias/pv-decide-nao-apoiar-candidato-presidente-2o-turno-604535.html>. Acesso em: 14 dez. 2010.

QUEIROZ, A. et al. Ética e responsabilidade social nos negócios. São Paulo: Saraiva, 2002.

QUESTÃO ambiental ganha força por apoio de Marina. Exame.com, 6 out. 2010. Disponível em: <http://portalexame.abril.com.br/economia/eleicoes-2010/noticias/questao-ambiental-ganha-forca-apoio-marina-602400.html>. Acesso em: 14 dez. 2010.

RAGAZZI, J. E. Comportamento de compra: mercado empresaial. (Aa 4, / Tóico 1). 2005. Disponível em: <http://sites.ffclrp.usp.br/ccp/MBA/Gest%C3%A3o%20de%20Empresas%20e%20Neg%C3%B3cios/Marketing%20Empresarial/T%C3%B3pico%20I/Aula%204%20-%20Comportamento%20de%20compra%20-%20Mercado%20empresarial.doc>. Acesso em: 22 out. 2010.

REBOUÇAS, D. P. Planejamento estratégico. São Paulo: Makron Books, 1996.

RIBEIRO, Aline. Especial meio ambiente. Revista Época, São Paulo, ed. 644, p. 78, 20 set. 2010.

RICHERS, R.; LIMA, C. P. Segmentação: opções estratégicas para o mercado brasileiro. São Paulo: Nobel, 1

RIES. A. As 22 consagradas leis do marketing. São Paulo: Makron Books, 1993.

RIES, A.; TROUT, J. Marketing de guerra. São Paulo: McGraw-Hill, 1986.

ROCHA, A.; CHRISTENSEN, C. Marketing: teoria e prática no Brasil. São Paulo: Atlas, 1999.

ROKEACH, M. *Crenças, atitudes e valores*. Rio de Janeiro: Interciência, 1981.

_____. *The nature of human values*. New York: The Free Press, 1973.

ROLLI, C. Mercadode LlLuxo crescerá 23% neste*a/ UOLFolha.com*, 1º ago. 2010. Disponível em: <http://www1.folha.uol.com.br/mercado/775956-mercado-de-luxo-no-pais-crescera-23-neste-ano.shtml>. Acesso em: 14 dez. 2471.

SANDHUSEN, R. *Marketing básico*. São Paulo: Saraiva, 1998.

SCHIFFMAN, L. G.; KANUK, L. L. *Comportamento do consumidor*. 6. ed. Rio de Janeiro: LTC, 2000.

SEABRA, C. *Comportamento do consid.* : O o processo de decisão de compra. Escola Superior de Tecnologia de Viseu. Portugal, 2002. Disponível em: <http://www.estv.ipv.pt/PaginasPessoais/cseabra/docs/COMPORTAMENTO%20DO%20CONSUMIDOR%20TURISMO/Aulas/Ponto%20III%20-%20Decis%F5es%20de%20consumo/Ponto%20III%20-%20decis%F5es%20de%20consumo.ppt#291,54,Slide 54>. Acesso em: 15 out. 2010.

SEBRAE/MG – Serviço Brasileiro de Apoio às Micro e Pequenas Empresas de Minas Gerais. *Negociação internacional*. 2. ed. rev. e atual. Belo Horizonte, 2005. (Série Cooperação Internacional). Disponível em: <http://201.2.114.147/bds/BDS.nsf/FF5EDBD0ED863E1703256FE1004779DC/$File/NT000A6742.pdf>. Acesso em: 14 dez. 2010.

SHETH, J. N.; MITTAL, B.; NEWMAN, B. I. *Comportamento do cliente*: indo além do comportamento do consumidor. São Paulo: Atlas, 2001.

SILVEIRA, R. F. da. *Análise das variáveis organizacionais do comportamento de compra das grandes empresas industriais do Rio Grande do Sul*. 2005. 116 f. Dissertação (Mestrado em Administração) – Universidade Federal do Rio Grande do Sul, Porto Alegre, 2000.

SILVERSTEIN, M. A nova geração do luxo. *HSM Management*, São Paulo, v. 10, n. 56, maio/jun. 2006.

SOLOMON, M. R. *O comportamento do consumidor*: comprando, possuindo e sendo. Tradução de Lene Belon Ribeiro. 5. ed. Porto Alegre: Bookman, 2002.

STANTON, W.; SPIRO, R. *Administração de vendas*. Rio de Janeiro: LTC, 2000.

STEFANO, F.; SANTANA, L.; ONAGA, M. O retrato dos novos consumidores brasileiros. *Exame.com*, 17 abr. 2008. Disponível em: <http://exame.abril.com.br/revista-exame/edicoes/0916/economia/noticias/o-retrato-dos-novos-consumidores-brasileiros-m0157294>. Acesso em: 14 dez. 2010.

STEPHENS, D. C. (Org.). *Diário de negócios de Maslow*. Rio de Janeiro: Qualitymark, 2003.

STONE, M.; WOODCOCK, N. *Marketing de relacionamento*. São Paulo: Littera Mundi, 1998.

STONE, M.; WOODCOCK, N.; MACHTYNGER, L. *CRM*: marketing de relacionamento com os clientes. São Paulo: Futura, 2000.

SUNDARAM, D. S.; MITRA, K.; WEBSTER, C. Word-of-mouth communications: a motivational analysis. *Advances in Consumer Research*, v. 25, p. 527-531, 1998.

SWIFT, R. *CRM (Customer Relationship Management)*: o revolucionário marketing de relacionamento com o cliente. 2. ed. Rio de Janeiro: Campus, 2001.

TRONCHIN, V. *Clientes personalizados*: essa é a filosofia do CRM. Entrevista concedida a Marketing News. Disponível em: <http://www.inf.ufsc.br/~laux/arquivos/Texto01.doc>. Acesso em: 14 dez. 2010.

VAVRA, T. G. *Marketing de relacionamento*: aftermarketing. São Paulo: Atlas, 1993.

VILHENA, J. B. *Responsabilidade social*: vale a pena investir? Conjuntura econômica, Rio de Janeiro, v. 56, n. 2, p. 27, fev. 2002.

WIND, Y. *Product policy*: concepts methods, and strategy. Menlo Park: Addison-Wesley, 1982.

ZALTMAN, G. et al. *Consumer behavior*: basic findings and management implications. New York: John Wiley & Sons, 1983.

ZEITHAML, V. A. Consumer perceptions of price, quality and value: a means-end model and synthesis of evidence. *Journal of Marketing*, Chicago, v. 52, n. 3, p. 2-22, jul. 1988.

respostas

Capítulo 1

1. Por meio desse estudo é que as empresas percebem oportunidades para satisfazer às necessidades de seus clientes.

2. O risco percebido é a dúvida sobre a decisão tomada. Por medo de comprar algo que traga possíveis consequências de insatisfação, o consumidor passa a prestar maior atenção a fatores como preço, assistência técnica e informações sobre manuseio, entre outros, a fim de que possa encontrar atributos que garantam um risco reduzido.

3. d

4. c

5. a

Capítulo 2

1. Um indivíduo também pode ser influenciado por um grupo ao qual não pertença, mas gostaria de pertencer: um grupo de aspiração. É o caso do jovem que gostaria de ser jogador de futebol.

2. É ampliar os benefícios dos produtos ou serviços que são percebidos pelo cliente, maximizando a relação de forma e garantindo a satisfação dos consumidores.

3. A inovação é uma nova ideia ou melhoria de produtos, processos, acesso a novos mercados ou novos modelos de negócio que causem impacto significativo para o cliente, diferenciando a empresa dos concorrentes e otimizando suas receitas.

4. d

5. b

6. c

Capítulo 3

1. São: 1°) o reconhecimento do problema; 2°) a procura de informações; 3°) a avaliação e a seleção de alternativas; 4°) a seleção do estabelecimento de compra; 5°) os processos de pós-venda.

2. Inicia-se pela detecção de uma carência para, em seguida, fazer o reconhecimento do problema e a posterior avaliação das alternativas.

3. a

4. a, b, d

5. d

Capítulo 4

1. É fundamental que o vendedor conheça o comportamento de compra organizacional, que é muito diferente da compra realizada por consumidores individuais ou finais.

2. A aceitação ou não do fornecedor se relaciona com as características do produto e com os requisitos da empresa, como limites de preço, confiabilidade, análise de *payback* e histórico de fornecimentos anteriores, entre outros aspectos.

3. a, b, d

4. F, V, F, V

5. c

Capítulo 5

1. Esse tipo de consumidor não irá comprar produtos que apresentem riscos à saúde, prejudiquem o meio ambiente, que não possuam embalagens recicláveis ou que venham de organizações que não oferecem qualidade de vida no trabalho para seus funcionários.

2. Resposta pessoal, que deverá conter argumentação, seja positiva ou negativa.

3. b

4. d

5. c, a, d, b

Capítulo 6

1. Os consumidores são considerados pessoas com necessidades e desejos diferentes. Assim, um produto ou serviço não agrada a todos, o que resulta na exigência de conhecermos o comportamento dos consumidores.

2. As empresas utilizam-se da segmentação de mercado para obter vantagens sinérgicas, como domínio de tecnologia, maior proximidade com o consumidor final, oferta de produtos e serviços a preços altamente competitivos, pontos de venda adequados e mídias dirigidas direta e exclusivamente ao segmento-alvo, entre outros fatores que aumentam a competitividade.

3. Todas as assertivas são verdadeiras, mas somente a letra "a" corresponde à abordagem do trecho sobre "tendências do consumidor..." que foi transcrito.

4. F, V, V, F

5. a, pois a afirmativa 1 está incorreta e as afirmativas 2 e 3 estão corretas.

sobre a autora

Marcia Valéria Paixão é mestre em Administração pela Pontifícia Universidade Católica de São Paulo – PUCSP (2002), na linha de pesquisa Estratégias Organizacionais e *Marketing*. Atuou como analista de *marketing* no Banco do Estado do Paraná – Banestado. Desde 2002, trabalha como consultora em planejamento estratégico de *marketing* para micro e pequenas empresas.

É professora universitária, desde 1998, nas disciplinas de Comportamento do Consumidor, Planejamento Estratégico de *Marketing* e Desenvolvimento de Novos Produtos. Leciona no Centro Universitário Uninter, FAE Centro Universitário e Universidade Estácio de Sá. Autora de livros e artigos sobre *marketing*, exerce também o cargo de consultora na Unidade de Desenvolvimento de Soluções do Sebrae-PR.

Os papéis utilizados neste livro, certificados por instituições ambientais competentes, são recicláveis, provenientes de fontes renováveis e, portanto, um meio responsável e natural de informação e conhecimento.

FSC
www.fsc.org
MISTO
Papel produzido
a partir de
fontes responsáveis
FSC® C103535

Impressão: Reproset
Dezembro/2020